우리 아이
넛지 영어

놀면서 말문이 트이는
우리 아이 넛지 영어

지은이 남미희 | 발행인 유재건 | 펴낸곳 엑스북스

주간 임유진 | 편집·마케팅 방원경, 신효섭, 이지훈, 홍민기

디자인 전혜경 | 경영관리 유하나 | 물류유통 유재영, 이다윗

등록번호 105-87-33826호 | 주소 서울시 마포구 와우산로 180, 4층

대표전화 02-334-1412 | 팩스 02-334-1413 | 이메일 editor@greenbee.co.kr

초판 1쇄 발행 2020년 1월 7일

엑스북스(xbooks)는 (주)그린비출판사의 책읽기·글쓰기 전문 임프린트입니다. 이 도서의 국립중앙도서관 출판예정도서목록(CIP)은 서지정보유통지원시스템 홈페이지(http://seoji.nl.go.kr)와 국가자료공동목록시스템(http://www.nl.go.kr/kolisnet)에서 이용하실 수 있습니다. (CIP제어번호: CIP2019045990)
잘못 만들어진 책은 구입처에서 바꿔 드립니다.
ISBN 979-11-90216-28-9 03740

놀면서 말문이 트이는

우리 아이
넛지 영어

남미희 지음

xbooks

내 인생을 바꾼 단어

Peekaboo~!

무슨 뜻인지, 어떤 상황에서 쓰이는 영어인지 알고 있는 가? 만약 알고 있다면 이 책을 덮어도 좋다. (물론 후회하겠지 만. 하하.)

믿기지 않겠지만 이 쉬운 단어가 내 인생을 바꿨다.

아이가 태어나고 갓 돌이 지난 후였다. 아이의 영어만큼 은 '엄마표'로 해보고 싶다는 야망을 품고 베이비 영어책을 구입했다. 아기가 물고 빨아도 유해하지 않다는 헝겊 책. 촉

감도 좋고 그림의 색감도 선명하고 아기한테도 안전하다고 하니 나름 탁월한 선택이라고 생각했다.

자, 이제 한번 읽어 줘 볼까? 하며 첫 장을 넘기는 순간, 내 눈을 의심하지 않을 수 없었다. 엥? 이게 뭐야?

나, 나름 고등교육을 받았고 대학교에서는 원서로 공부도 했다. 유아 영어가 뭐 별거겠느냐고 쉽게 생각한 것도 사실이지만 '중학교 영어 실력이면 충분하다'라는 말도 들었기에 조금은 자신이 있었건만 떡하니 첫 장에 있던 영어 단어는 내가 처음 보는 단어, 바로 *peekaboo*(까꿍)였다.

까꿍 — 우리나라 엄마들도 아가들한테 제일 많이 하는 소리인데. 충격이었다. 백날 *"What is this? It's a desk"*만 한다고 엄마표 영어가 되는 게 아니었다.

그때부터 제대로 해보자 하는 마음에 그림책을 활용한 영어 공부에 관련된 책들을 읽기 시작했다. '독서야말로 가장 훌륭한 언어교육이다'가 나의 신념이었기에, 영어도 언어이니 당연히 독서로 시작해야 한다고 믿었다. 그래, 모국어처럼 그림책으로 시작하자!

그 이후, 영어 그림책 읽기 세미나, 대학교 아카데미 강좌, 스터디 모임 등 다양한 방법으로 영어 그림책 교육법을 공부했지만 얼마 지나지 않아 한계에 다다랐다. 이상했다. 대학교 원서는 읽을 수 있어도 아주 단순한 영어를 모르는 상황이 이어졌다. 아이와 만들기 활동을 할 때 "종이를 반으로 접자"라는 그 간단한 말을 하고 싶어도 영어 표현이 쉽게 떠오르지 않아 절망하기를 수차례. 현지 생활영어가 절실해지기 시작했다.

"눈물 콧물로 함께한 유학 생활"

목 마른 사람이 우물을 판다고 했나? 영어 그림책 공부에서 시작한 영어 공부, 끝내 아이를 데리고 뉴질랜드 유학을 결심하기에 이르렀다. 유학 중에는 현지 대학교에 입학해 유아교육을 전공하기까지 했고, 현지 칼리지에서 운영하는 *TESOL*, *TECSOL* 과정도 수료했다.[•] 눈물 콧물의 유학 생활을 마치고 귀국한 나는 다시 영어 그림책 교육에 집중했다. 뉴질랜드에서 공부하는 동안 아이와 그림책을 읽고 활용하는 것이 익숙해졌고, 그러는 사이 아이가 영어와 친숙

• TESOL은 'Teaching English to Speakers of Other Languages'의 약자로 '영어를 모국어로 하지 않는 사람에게 영어를 가르치는 교수법', TECSOL은 'Teaching English to Children Speaking Other Languages'의 약자로 '영어를 모국어로 하지 않는 아이들(만6세~12세)에게 영어를 가르치는 교수법'입니다.

해지며 나날이 발전하는 모습은 나를 행복하게 했다.

유학을 마치고 얼마 되지 않은 어느 날, 옆집 엄마가 하소연을 했다. 유치원에서 영어를 배우기 시작한 아이와 영어로 놀아주고 싶건만 두 마디 하고 나면 말문이 막힌다는 것이었다. 놀랍게도 그 하소연은 내 아이를 처음 가르칠 때 느끼던 바로 그 어려움이었다. 뉴질랜드 유학 때의 경험이 번뜩 떠올랐다.

트리니티 칼리지에서의 *TESOL* 첫 실습 날. 세계 각국에서 영어를 배우러 뉴질랜드에 온 사람들이 수업에 참가했다. 독일, 파키스탄, 브라질, 중국, 일본, 인도, 아르헨티나…. 열다섯 명의 다국적 학생들 앞에 서는 순간 내가 자신 있게 했던 유일한 영어는 *"Hello, everyone!"* 한 마디뿐이었다. 그 이후는 차마 생각하고 싶지도 않은 상황. 갑자기 머릿속이 하얘지면서 내가 무슨 말을 하고 있는지 떠오르지도 않았다. 그저 시간아 어서 가라 하는 기도만 열심히 했을 뿐.

한국에서도 가르치는 것이 일상이었던지라 수업 전날까지 느긋했는데, 막상 수업을 시작하자 그 여유는 온데간데없었다. 땀인지 눈물인지도 모르는 것들이 뒤범벅이 된 채 수업을 마쳤다. 교수님한테 퇴학당할 수도 있다는 말을 들은 건 스스로에 대한 실망감에 따라온 덤이었다.

어떻게 퇴학당하지 않고 *TESOL* 과정을 마칠 수 있을까? 괴로운 나날이 이어졌다. 입에서 팔딱팔딱 뛸 만큼 신선하고 맛있다는 오클랜드 미션베이의 피시 앤 칩스는 명절 일주일 지나고 먹는 생선전만큼이나 찐득거렸다. 도무지 입맛도 없고 잠도 안 오는 날들이 꾸역꾸역 흘러갔다.

그러던 어느 날 텔레비전을 보다가 큐카드를 들고 있는 *MC*가 눈에 들어왔다. 유명한 *MC*들도 큐카드나 스크립트를 들고 하는데 나라고 못할 것 없지! 곧바로 다음 실습을 위한 스크립트를 작성하기 시작했다.

이름하여 수업 대본! *Hello*부터 *Goodbye*까지, 내가 해야 할 말들을 하나하나 대본처럼 만들고 입에 착 달라 붙을 때까지 달달 암기했다. 물론 *100%* 암기는 불가능했지만 자연스럽게 연기하듯이 대본을 살짝살짝 보는 건 할 수 있었다.

학생들의 질문이나 예상치 못한 상황에서는 애드리브가 필요하긴 했지만 스크립트를 활용한 수업 방법은 대성공이었다. 교수님께 "*Excellent!*"라는 칭찬도 들었다. 퇴학도 면했고 자랑스럽고 눈물겨운 수료증도 받을 수 있었다. 무엇보다도 나 스스로 해냈다는 자부심은 그 어떤 칭찬보다 소중했다.

옆집 엄마의 하소연을 듣는 순간 이 경험과 함께 떠오르는 아이디어가 있었다. '그래, 내 아이를 가르칠 때 쓰던 영어 표현들을 연극 대사처럼 일일이 써보자. 대본을 따라하고 연습한다면 누구라도 영어수업을 할 수 있을 거야.'

그리고 이왕 해보는 거, 내가 항상 목말라하던 영어 그림책 관련 교육서의 단점도 보완해 보자는 생각이 들었다. 그동안 내가 봐 왔던 책들은 한결같았다. 그림책을 먼저 선정한 후 그 그림책에 맞는 주제를 공부하는 형식이었다. 만일 책 내용에 가르치고 싶은 주제가 없다면 그 주제에 맞는 그림책을 찾기 위해 시간과 노력을 들여야 했다.

몸 바쁘고 마음 바쁜 엄마들을 위해 간편하고 유용한 책이 필요하다. 역발상! 나는 주제를 먼저 선정하고 그것에 맞는 그림책을 찾아 주기로 했다. 그리고 엄마의 수업 내용까지 대본 형식으로 준비해 주는 것이다.

말처럼 쉽게 된다!

"어디 말처럼 쉽게 되겠어?" 이렇게 반문하는 엄마가 있을 수도 있다. 그러나 말처럼 쉽게 된다! 이 책 3부인 알짜배기 대본을 그냥 읽기만 해도 우리 아이 영어, 그리고 우리 아이 사고력과 창의력이 쑥쑥 자란다. 교육 현장에서 실제로 아이들에게 적용했고, 그 아이들의 성장을 숱하게 목격했으니 이 점은 믿어도 좋다.

베스트셀러로도 잘 알려져 있는 '넛지(nudge)효과'라는 것이 있다. '넛지'의 사전적 의미는 '옆구리를 슬쩍 찌른다'이다. 행동경제학자 리처드 탈러 교수에 의해 유명해진 이 단어는 누군가의 강요가 아닌 자연스러운 상황을 통해 사람들이 행동하게 하는 것을 의미한다. 승객들이 밟을 때마다 불이 들어오며 피아노 소리가 나는 장치는 '계단을 이용하자'라는 직설적인 구호가 없어도 승객들이 자연스럽게 계단을 이용하게 만드는데, 이런 게 바로 '넛지 효과'이다.

영어 그림책 읽기도 마찬가지다. 그저 재미있게 놀다 보면 영어 그림책 읽기가 습관이 되고 영어 학습이 자연스럽게 이루어진다. 언어는 학습하는 것이 아니라 습득하는 것이다. 자신들이 공부하는 줄도 모르고 저절로 영어를 쏟아낼 우리 아이들을 떠올려 보자.

끌려가서는 안 된다. 아이들 스스로 가야 한다. 조금씩 살짝살짝 옆구리만 간질이자. '까르르' 웃으며 기쁜 마음으로 그림책을 손에 들 것이다. 여기 있는 그림책들과 아이와 함께하는 활동, 수업 대본은 엄마들의 손가락이 되어 아이들의 옆구리를 간질일 것이다. 옆구리가 근질거리는 아이들은 아무도 모르는 사이 영어의 재미에 흠뻑 빠진다.

아이와 같이 읽는 영어 그림책이 영어 사전같이 버거운 부담이 아니길. 아이와 같이 즐기는 영어 놀이가 평생 가슴에 품을 아름다운 추억이 되길.

욕심 많고 현명한 엄마들 그래서 엄마이면서 선생님이고 픈 전국의 마미쌤들에게, 아이의 영어 교육 스트레스에 시달리는 이 땅의 마미쌤들에게 말하고 싶다.

우리 아이, 집에서도 영어 공부는 시키고 싶은데 말이 안 나와 답답해만 하셨을 마미쌤들~ 이 책이 우리 아이 책읽기 습관도 기르고 영어도 친숙해지는 마미쌤들의 도우미가 되어 줄 거예요!

시작과 용기를 주신 조창인 작가님, 길을 터 주신 임유진 주간님, 못난이 원고를 백조로 바꿔 주신 방원경 편집자님, 그리고 당근과 채찍을 적절하게(?) 잘 섞어 준 남편과 *Ryan* 에게 감사드립니다.

차례

2부 – 영어와 친해지는 읽기 놀이

3부 – 아이와 친해지는 대본 놀이

스크립트 상세 목차는 다음 페이지에 ➡

스크립트 상세 목차 ✏️

1부

책과 친해지는
그림 놀이

"왜
영어 그림책이어야 하죠?"

엄마들은 나에게 묻는다. 영어 그림책을 어떻게 읽어 줘야 효과적이냐고. 하지만 제일 먼저 생각해야 할 것은, '왜 영어 그림책이어야 하는지'일 것이다. 이를 생각한다면 어떻게 읽어 줘야 하는지도 자연스레 따라 나오기 마련이다.

내가 초등학교에 입학하면서 우리 집에는 계몽사 소년소녀 세계문학전집이 생겼다. 새 책에서만 맡을 수 있는 잉크 냄새와 종이 냄새 그리고 고급 양장커버가 있던 그 전집은 내게 꿈과도 같았다. 50권의 전집이 꽂힌 책꽂이 앞에 앉으면 상상의 세계에 온 것만 같았다. 하지만 그 전집은 오빠의 생일 선물이었기 때문에 오빠는 내가 책을 건드리지도 못하게 했다. 그래서 오빠가 없는 시간에 한 권씩 몰래 꺼내 읽으며 가슴 쫄깃해했던 그 추억을 잊지 못한다.

나는 첫 번째 책이었던 『그리이스 신화』를 읽으면서 그리스의 수도가 로마가 아니라는 사실을 알았다. 『안데르센 동화집』에 수록된 「인어공주」를 읽고서는 왕자를 죽이지 못한 인어공주를 원망하면서 밤새 울었다. 어린이 동화가 이렇게 슬퍼도 되는 거냐며 울부짖던 초등학교 1학년의 나는 나름의 인생관 —— "난 남자 때문에 울거나 죽지는 않을 거야!" —— 을 세울 수 있었다.

오빠는 네 살 때 동화책을 읽으며 한글을 깨쳤다고 한다. 나는 그렇게는 못했지만 읽기를 배운 후 동화책을 읽으면서 상상하고 사고하며 자랐다. 어린 시절의 내가 동화책으로 한글을 깨치라는 요구를 받았다면 아마 이런 아름다운 추억은 없었을 것이다. 즐거운 상상력과 주체적 사고력도 물론 키울 수 없었을 것이다.

영어 그림책도 마찬가지다. 영어라는 언어만을 가르친다면 교재는 세상에 널리고 널렸다. 하지만 전문가들의 손에서 탄생한 그 교재들은 효율적인 교수법과 학습법을 담고 있을진 몰라도 아이들 개개인의 취향과 발달 속도에는 맞추지 못한다는 아쉬움이 있다.

영어 그림책은 일반적인 영어교재와는 다르다. 아이들 개성에 맞는 수업을 할 수 있으니 말이다. 영어 그림책을 통한 언어 학습은 아이들에게 단지 텍스트의 이해만을 가르치지 않는다. 말하기 쓰기도 가능하며 영어에 대한 흥미와 자신감도 키워줄 수 있다. 영어학습에서 우리가 원하는 것들이 바로 이런 것 아닌가? 영어에 대한 애정과 용기, 창의성과 사고력 그리고 그 이상의 것들.

영어 그림책,
아이만을 위한 것은 아니다

내 아이의 영어 이름은 *Ryan*이다. 엄마가 되는 순간 내 머리는 온통 *Ryan*의 교육으로 꽉 차 있었다. 안 시켜 본 사교육이 없는 것은 당연지사. 나는 '영재'의 환상에 빠져 있었다. *Ryan*을 영재 대열에 끼게 하고 싶어 몇 군데 영재 센터에서 검사를 받게 했다. 다행인지 불행인지 *Ryan*은 창의력과 언어력에서 영재성을 인정받았다. 아니, 사실은 아메리카 원주민이 비 올 때까지 기우제를 지낸다는 이야기처럼 영재 판정을 받을 때까지 검사를 받게 한 것일지도 모른다. 내 아이의 영재성을 자랑하고자 하는 게 아니라 그만큼 내 아이가 남들보다 '더 빠르게', '더 잘하는' 것을 열망했다. 과정이야 어찌 됐건 영재성이 있다는 결과는 나를 흡족하게 했다. 문제는 *Ryan*을 위한 것이 아니고 내 스스로의 만족을 위한 행동이었다는 것.

어느 날 레고를 조립하고 있는 *Ryan*을 가만히 보고 있는데 소위 말하는 공감각 지능이 결핍된 듯했다. 2차원 종이에 그려진 매뉴얼을 보고 3차원 입체 레고를 조립하지 못하는 것이다. 옆의 친구는 제일 어렵다는 레고 로봇을 5시간 만에 조립했는데 말이다. *Ryan*은 "에이 모르겠다" 하더니 자기 맘대로 조립하고는 '투시 투시… 뚜두두두두…' 전쟁 놀이를 5시간째 하고 있었다. 절망, 또 절망!

또 비싼 교습비 들여가며 피아노 개인 레슨을 받게 했는데, 배운 지 꽤 시간이 흘렀음에도 건반 위의 손가락은 제 것이 아닌 듯했다. 어눌한 손가락 놀림은 두 살짜리가 하는 젓가락질 같았다. 개인 레슨을 시작한 지 얼마 되지 않은 *Ryan* 친구의 손가락이 건반 위에서 아크로바틱을 뽐내는 것과 비교되면서.

우울했다. 괴로웠다. *Ryan*이 미웠다. 아이를 한 살로 되돌리고 다시 시작하고 싶었다.

그러던 중 나는 로버트 크라우스의 *Leo the Late Bloomer* 라는 영어 그림책을 읽게 되었다. 아기 호랑이 레오는 다른 친구들에 비해 읽는 것도 느리고 쓰는 것도 느리고, 그림도 잘 못그리고, 심지어는 음식도 마구 흘리면서 먹는다. 그런 레오를 근심스럽게 바라보는 아빠에게 엄마는 이야기한다. 마치 나를 겨냥하듯이.

"Leo is just a late bloomer." (레오는 그저 늦된 것뿐이에요.)

시간이 흐르고 흘러도 레오는 잘 해낼 기미가 없다. 아빠 조차도 레오를 포기하려는 순간 드디어 레오가 해내기 시작한다.

"I made it!" (내가 해냈어!)

레오가 완벽한 문장으로 한 첫 말이었다. 레오의 변화는 나에게도 말해 주고 있었다.

"Then one day, in his own good time, Leo bloomed!" (그리고 어느날, 레오는 자신의 속도에 맞춰 활짝 피어났습니다.)

이 책은 아이마다 성장 시기와 속도가 다르다는 것을 가르쳐 주었다. 그 후 나는 영재성 검사 결과 파일을 버렸다. 그리고 내 아이의 '투시 투시… 뚜두두두두…' 전쟁 놀이를 인내심 있게 바라볼 수 있게 되었다. 물론 아주 가끔 어떤 면에서 느려터진 아이를 보고 눈물을 훔치기도 했지만.

내 경험처럼 그림책은 아이뿐만 아니라 엄마들의 성장을 이끌고 아이에 대해 다시 생각해보도록 돕는다. 또 언어에 대해서도 깊은 감응을 느끼게 한다. '꽃'이나 '꽃을 피우다' 를 뜻하는 *bloom*이라는 단어가 이렇게 쓰이다니. 한국말의 '재능이 피는 시기가 다 다르다'와 사뭇 흡사하다는 것을 알게 되면서 언어의 세계에 새삼 놀란다. 두 언어는 참 다르면서도 비슷하구나.

나는 *Leo the Late Bloomer*라는 영어 그림책을 읽고 우리 아이에 대한 생각을 바꾸고 인내심을 배웠다. 마찬가지로 아이들도 영어 그림책을 통해 영어는 기본이요, 깊은 생각은 덤으로 얻는다.

아이보다 엄마에게 추천하는 책

Leo the Late Bloomer
by Robert Kraus

책을 읽는 사이 아이를 키우며 불안했던 마음이 말랑말랑해집니다. '나, 잘하고 있는 거 맞아?' 의심이 드는 날이 있죠? 특히 그런 날 자신에게 이 책을 읽어주세요.

해가 내리쬐는
크리스마스?

나는 무식했다. 그래서 용감했다. 뉴질랜드라는 나라가 그렇게 먼 나라인지, 유학을 결정하고 나서야 알았다. 비행기로 13시간이 넘게 걸리는 그 먼 나라에 아이와 단둘이 유학을 결심한 나는 그야말로 '무식했기에 용감했다'고밖에.

뉴질랜드에서 집을 빌리고 짐을 풀고 제일 먼저 한 일은 도서관 회원증을 만드는 일. 한국에서나 외국에서나, 독서는 나의 유일한 안식이었다. 또한 독서가 내 아이를 지성과 감성이 조화된 글로벌 인재로 키울 최고의 방법이라는 신념이 있었다.

유학생들은 임대 계약서 또는 집으로 온 우편물 등 주소를 확인할 증거가 있어야 도서관 회원증을 만들 수 있다. 그래서 첫 번째 방문에서는 실패, 두 번째 방문에서야 회원증을 만들 수 있었다. 집 가까이 있던 파넬 도서관은 고풍스러운 유럽식 건물이었다. 게다가 도서관 창밖으로 보이는 정원에는 빨간 장미나무가 있어 『미녀와 야수』에 나오는 야수의 정원처럼 신비스러웠다. 파넬 도서관은 가난한 유학생 모자가 언제든지 이용할 수 있는 무료 놀이공원이기도 하면서 한국이 그리울 때마다 찾아가는, 책으로 가득 차 있던 서울의 우리 집 거실과도 같았다.

여느 때처럼 *Ryan*과 함께 도서관에서 평화로운 오후를 즐기고 있던 어느날, 갑자기 *Ryan*이 내게 물었다.

"엄마, 우리나라에서 크리스마스는 춥잖아. 그런데 이 책을 봐 봐. 제목은 *A Kiwi Night Before Christmas*인데 해변이 그려져 있어. 날씨도 좋아 보여."●

*Ryan*의 물음에 책 표지를 들여다보니 아닌 게 아니라 시

● Kiwi는 뉴질랜드인을 이르는 말입니다. 뉴질랜드의 토착새 '키위'에서 유래된 말이죠.

원한 해변이다. 파라솔도 있고 여름 휴가 풍경 그대로였다. 책을 펼치니 더 가관이었다. 산타 할아버지가 민소매 티셔츠에 반바지 차림을 하고 있다. 우리는 황당해서 웃었다.

그제서야 실감이 났다. 뉴질랜드는 우리나라와 반대편에 있고 그래서 계절이 반대라는 사실이. 아이에게 나라의 위치에 대해 이야기를 해주었다. 그리고 둘이 같이 지도에서 우리나라와 뉴질랜드의 위치를 찾아보았다.

우리나라는 아시아 대륙의 동쪽 끝 한반도에 있으며 중위도에 위치한다. 반면 뉴질랜드는 오스트레일리아 대륙에서 남동쪽으로 약 2,000km 떨어져 있는 섬나라이며, 남위도에 있다. 계절을 결정하는 위도가 다르니 당연히 날씨도 다르지. 생각해보니 우리가 한국에서 출국할 때는 털 코트를 입었는데 뉴질랜드 공항에 내렸을 때는 땀으로 범벅이 돼 바로 벗어야 했다.

그림책을 펼치자 아빠와 엄마가 bach의 1층 거실 소파에 나란히 앉아 스포츠 경기를 보고 있다. bach는 우리가 보통 알고 있는 별장을 뜻하는데 뉴질랜드에서만 쓰이는 단어이다. 그런데 여기서 두 사람의 의상이 재미있다. 엄마는 어깨에 끈만 달린 잠옷 원피스, 아빠는 반바지만 입고 있다. 더군다나 윗도리를 벗은 아빠의 몸에는 햇볕에 탄 민소매 자국

이 선명하다.

2층에서 잠을 자던 아이들이 시끄러운 소리에 놀라 창밖을 본다. 산타 할아버지가 (사슴이 아닌) 8마리 양이 끄는 (썰매가 아닌) 트랙터를 타고 날아오고 있다. 산타 할아버지도 당연히 민소매에 반바지를 입고 검부츠(*gumboots*)를 신고 있다. 검부츠는 비가 많고 목축업이 주를 이루는 뉴질랜드에서 신는 민족 고유의 전통 신발이다. 그림을 통해 뉴질랜드가 양과 목축업의 나라라는 것을 재치 있게 보여 준다. 산타 할아버지는 창문으로 들어와서 크리스마스 트리 밑에 가족의 선물을 놓고 다시 창문 밖으로 날아간다.

민소매, 반바지를 입고 양이 끄는 트랙터를 탄 산타 할아버지라니! 문화 차이에 당황스러웠지만 우리는 이내 쉽고 신나게 나라별 차이에 대해 이야기할 수 있었다.

같은 작가의 또 다른 책 *Brian the Big-Brained Romney*에도 같은 산타 할아버지가 민소매를 입고 귀여운 미소를 짓고 있다. *Romney*는 양 품종의 하나를 이르는 말로 이 책의 주인공은 양이다. 주인공 양 브라이언은 산타의 트랙터를 끌어야 하는 양으로 태어났다. 그런데 다른 양들처럼 체력을 키우기 위해 럭비나 축구, 크리켓을 하지 않는다. 대신 책을 읽고 뭔가를 만들고 실험하고 또는 별자리 보는 것을 더 좋아한다. 시간이 흘러 크리스마스 시즌이 되자 다른 양들은 선물 포장도 잘하고 즐거워하는데 주인공 브라이언은 할 줄 아는 것이 없다. 선물 포장도 엉망이 되고 기껏 만든 푸딩은 다 타버리고 만다. 열심히 최선을 다해도 늘 실패를 겪을 뿐인 브라이언은 자신이 산타 클로스 할아버지를 전혀 도울 수 없다는 생각에 슬퍼한다.

드디어 크리스마스 이브. 산타는 브라이언을 제외한 다른 양들을 다 불러 모아 날아갈 준비를 하고 있다. 그런데 갑자기 검은 구름이 몰려오고 안개가 자욱하게 끼기 시작한다. 산타 할아버지는 날 수 없다고 소리치며 양들이 길을 찾을 수 없다는 사실에 실망한다. 이때 브라이언이 작업실로 달려가 위성방송 수신 안테나와 레이더 스크린을 만드는데… 그것이 바로 *GPS!*

브라이언이 만든 기계 덕분에 산타는 길을 찾을 수 있게 된다. 뿐만 아니라 천체 관측을 꾸준히 한 브라이언은 산타 옆에 앉아서 길을 안내하고 산타와 양들은 크리스마스 이브가 끝나기 전에 착한 아이들에게 선물을 무사히 나눠 준다.

이 이야기는 뉴질랜드의 생소한 문화를 알려 주는 것을 넘어, 그림책을 같이 읽는 엄마들에게 육아에 대한 깊은 울림을 준다. 우리 아이가 다른 아이들과 다를 수도 있다는 것을 인정하고 다 똑같을 필요가 없다는 사실을 가슴 깊이 새기게 된다.

문화에 대한 이야기를 하나 더 하자면, 뉴질랜드의 마오리족 문화를 빼놓을 수가 없다. 내가 유아교육학과를 수료한 오클랜드 기술학교(AUT; Auckland University of Technology)에는 전공필수 과목에 마오리족 언어로 아이들을 가르치는 수업이 있었다. 또 필수과목 중 하나로 학기마다 한 달 동안 유치원 인턴십 과정을 이수해야 했기 때문에 1년에 두 번 뉴질랜드 유치원 교사로서 그 나라의 유아 교육 환경을 경험할 수 있었다. 유치원에서 가장 인상적이었던 것은 항상 영어와 같이 마오리족 언어로 인사를 하고 날씨에 대해서도 이야기했던 것이다.

뉴질랜드는 마오리족 문화를 보존하려고 무척 노력한다. 국가 행사에서도 마오리 전통 의식이나 마오리어 관용 표현을 잊지 않고 보여 준다. 뉴질랜드 국민 스포츠인 럭비시합에서는 올블랙스(All Blacks) 국가대표팀 선수들이 시합 전에 항상 마오리족 전통 춤인 '하카'를 춘다.

그림책 *Juan Tamad and the Rice Cakes*는 영어와 함께 마

오리족 언어 두 가지 버전으로 쓰여 있다. 이 그림책을 보며 자연스럽게 뉴질랜드에서 두 문화가 어떻게 공존하며 슬기롭게 살아가는지에 대해 이야기할 수 있다.

언어는 고립된 지식체계가 아니라 인간의 세계와 밀접한 관계를 맺고 있다. 따라서 하나의 언어를 학습한다는 것은 단순히 기호학적 지식뿐만 아니라 그 언어를 사용하는 나라의 문화, 정치, 역사, 예술 등 그 나라 사람들의 사유방식까지도 학습하는 것을 의미한다.● 부대끼고 의지하며 살아가는 그들의 삶, 나는 아이와 그림책을 읽으며 이런 것들을 자연스럽게 배운다.

● 김영미, 『동화로 가르치는 초등영어』, 1999 참조

다름을 이해하게 도와주는 책들 👓

A Kiwi Night Before Christmas
by Yvonne Morrison

민소매에 반팔을 입은 산타할아버지를 본 일이 있나요? 넓은 세상을 무대로 뻗어나갈 우리 아이에게 꼭 읽어 주세요.

Brian the Big-Brained Romney
by Yvonne Morrison

모든 아이들은 저마다의 방식으로 반짝반짝 빛나고 있지요. 세상에서 가장 사랑하는 우리 아이를 이해하기 힘들 때 이 책을 펼쳐 보세요.

Juan Tamad and the Rice Cakes
by Renato C. Vibiesca

영어와 마오리족 언어 두 가지 언어로 쓰인 책. 다른 민족의 언어를 배운다는 건 그 언어를 사용하는 사람들에게 한 발짝 더 다가가려는 노력일 거예요.

영어 그림책의 뇌:
우리 아이는 문과? 이과?

나는 문과, 남편은 이과 성향인 터라 우리 둘의 아이는 융합 인재가 되겠지? 우리 부부는 내심 기대했다. 하지만! 문과적 감수성과 이과적 예리함을 가진 아이이길 원했던 바람과 달리 우리 아이 *Ryan*은 엄마를 많이 닮아 문과 성향이 세다.

*Ryan*이 다섯 살 때쯤 공룡에 관심이 많아져, 여러 종류의 공룡 이름을 말하면서 모형 장난감을 사 달라고 했다. 텔레비전 신동 프로그램에 나오는 아이처럼 공룡 이름과 특징을 줄줄 외우려나? 우리 아이가 자연과학에 관심이 많나? 하는

희망도 생겼다. 그러나!

장난감 공룡 여러 마리로 전투 태세를 갖춘 후 '투시…
투시… 뚜두두두두!!!' 하루종일 내 아이의 콩 볶아대는 소
리를 듣고 있노라면 중학교 과목 '국영수사과'에서 '수'와
'과'는 어쩌나 하는 생각에 한숨만 늘어었더랬다.

나도 학창시절, 과학과 수학을 싫어하는 학생이었다. 중
학교 때 수금지화목토천해명(현재 명왕성은 태양계에서 빠졌
다), 수헬리베붕탄질산 등을 죽어라 외웠던 기억이 난다. 물
리의 $F=ma$는 또 어떤가. 참, 수학의 이차함수도 있다! 정말
재미도 없고 인생 살면서 한 번도 써먹을 것 같지 않을 이런
지식들이 왜 필요한지 억지로 외우며 억울해하기까지 했다.

내가 이랬으니 우리 아이가 그러는 것도 이해는 됐지만
걱정도 됐다. 하지만 뾰족한 해결책이 없었다. 그냥 수학 과
학 내용을 다룬 그림책이나 한 권, 두 권 사 모으며 열심히
책꽂이를 장식할 뿐이었다.

그렇게 사 모았던 책 중 입체 그림책이 있었다. *The Solar
System*이라는 책이었는데 한 장씩 넘길 때마다 행성에 대한
설명이 있었다. 끝 페이지까지 읽고 나서 책을 쭉 펼치면 태
양계 행성궤도가 만들어지는 신기한 책이었다.

첫 장을 넘기면 태양이 그림과 함께 간단한 설명도 있다.

"*The Sun is the closest star to Earth.*"(태양은 지구에서 가장 가까운 별이에요.)

각 행성에 대해 두세 문장씩 설명하고 있지만 몰라도 괜찮고 읽지 않아도 충분하다. 그저 내 아이가 태양계에 대해 관심을 보이고 수성의 영어 이름이 *Mercury*구나 정도만 알아도 영어 그림책의 역할은 다한 것.

아이는 쭉 펼쳐진 태양계 행성 궤도를 보더니 한국어 책을 찾는다. 그러고는 영어 이름과 한국어 이름을 일일이 맞춰보았다. 그렇게 한참을 들여다보더니 이런 질문을 했다.

"엄마, 해왕성은 영어로 *Neptune*이라고 하는데 *Neptune*은 바다의 신 이름인데?"

"응, 해왕성의 해(海)가 바다를 뜻하는 한자야. 해왕성은 바다처럼 파란색이라서 그런 이름이 붙여졌나 봐. 그러니 *Neptune*도 바다의 신 이름을 따서 지은 거겠지?"

나는 어떻게 알았을까? 물론 급히 찾아 본 것이었다. 몰랐던 사실도 있고 알았어도 잘 잊어 버리기 마련. 마미쌤들, 모른다고 걱정하지 않아도 된다. 아이와 같이 찾아보면 된다.

아이는 곧이어 이렇게 말한다.

"아! 그렇구나. 다른 행성 이름도 그런지 찾아봐야지."

그리고 스스로 책을 들여다본다.

이 책을 재미 삼아 폈다 접었다 하던 *Ryan*은 목성 *Jupiter*의 이름에 관한 비밀도 알게 됐다. *Jupiter*는 영어로 '주피터'라고 읽는데 주피터는 로마 신화에 나오는 최고의 신, 즉, 그리스 신화의 제우스에 해당한다는 것을. *Ryan*이 한참 생각하더니 묻는다.

"가장 큰 행성이라 신들의 왕인 제우스라고 이름을 붙인 건가?"

맞으면 어떻고 틀리면 또 어때랴. 우리 아이가 그림책을 통해 누가 시키지 않아도 꼬리 물기 사고를 하니 말이다. 더군다나 관심 밖의 분야를! 스스로!

이성과 감성을 함께 길러주는 책 🐝

The Solar System
by Christine Corning Malloy

따분할 틈 없는 과학책 읽기! 스스로 생각하고 질문하면서 몰랐던 세계에 대한 호기심이 쑥쑥 커나갑니다.

그림책은
재주가 많다

*Fish faces*는 삽화 대신 사진을 실은 책이어서 다양한 물고기의 모습을 생생하게 살펴볼 수 있다.

신기한 지느러미를 가진 물고기부터 비늘의 색과 무늬 그리고 입과 눈의 여러 형태를 가진 물고기까지. 우리가 흔히 보지 못했던 물고기의 세계를 보여 준다. 튜브 같은 입의 물고기(*Mouth like a tube*)도 있고, 빛나는 눈을 가진 물고기(*Eyes that shine*)도 있다. 책은 우리에게 심해어 사진과 함께 험악한 얼굴(*Faces that are fierce*)이라고 말한다. 뼈만 남은 심해어 사진을 무서운 듯 보더니 아이가 묻는다.

"엄마, 애네는 이렇게 생겨서 어떻게 살아? 왜 이렇게 생긴 거야?"

"음… 왜 그런지 우리 같이 찾아볼까?"

'엄마도 잘 몰라'라는 말은 생략하고 또 인터넷을 뒤진다.

과학적 지식과 다양한 정보는 한국 그림책으로도 충분히 얻을 수 있다. 그러나 영어라는 언어를 배우는 김에 다양한 정보도 취한다면 더할 나위 없이 좋은 거 아닌가. 미국에서는 국제학생들을 위한 커리큘럼에서 그림동화책을 과학수업에 적용하고 있는데, 그 결과 국제학생들의 과학적 이해도가 크게 향상됐다고 한다. 더군다나 우리 아이가 그림책을 통해 평소 관심 밖의 분야에 눈을 돌리게 된다면 거실이 책 더미에 파묻혀도 엄마는 그저 웃음이 난다.

자, 이제부터 자연의 생태 순환 과정을 공부해 보자. 우리나라 교과 과정 중 초등학교 고학년 국어 과목에서 시작해 중학교 과학 시간을 거쳐 고등학교 지구과학 과목에 걸쳐 다루는 내용이다.

우선 생명체를 구성하는 유기물, 대기의 CO_2, 탄산수소 이온으로 존재하는 탄소의 순환과정부터 공부하기 시작한다. 대기 중의 CO_2는 생산자인 녹색식물이나 조류 등의 광합성을 통해 유기물로 합성되고, 합성된 유기물은 먹이 사슬에 따라 소비자인 동물에게로 이동한다. 사체나 배설물의 형태로 변한 나머지 유기물은 분해자의 호흡에 의해 CO_2로 분해되어 대기로 퍼진다.

다음에는 질소의 순환도 공부해야 한다. 질소는 단백질과 핵산을 구성하고 대기 중의 약 78%를 차지하는데… 질소고정, 질화작용, 질소동화작용….

이런 원리를 수업 시간에 선생님께 듣는다면? 우리가 중학교 때 자동반복기능이 있는 카세트테이프 돌리듯 외우던 '계문강목과속종'보다 더 눈물 나게 지루할 것이다.

이번에는 눈을 감고 상상해 보자. 아이와 함께 $Log\ Hotel$을 같이 읽는다고.

몇백 년 된 떡갈나무가 어느 날 강한 바람으로 넘어진다. 곧 개미와 딱정벌레들이 기어와 작은 터널을 뚫고 그 통나무를 부드럽게 만들어 썩게 한다. 딱따구리가 왔다 간 후 나무에는 곰팡이도 피고 버섯이 자라고 여우도 온다. 달팽이, 민달팽이는 죽은 나무에 핀 곰팡이도 먹고 죽은 개미도 먹는다. 터널은 더 커지고 통나무는 더 부드러워진다. 통나무에 이끼도 긴다. 다양한 생명체들이 왔다 가고 세월이 흘러 죽은 통나무에는 양치식물이 자란다. 지렁이가 다녀 간 후 지렁이가 토해 낸 배설물은 다시 흙이 되고 그것은 씨가 자랄 수 있는 완벽한 땅이 된다.

이 책은 아름다운 생명체의 순환 과정을 재미있는 그림과 곁들여 설명하고 있다. 짧고 쉬운 이야기로 구성된 이 그림책을 읽노라면 자연에 대한 경이와 함께 내 아이의 눈을 찬찬히 들여다보게 된다. 그러면 아이의 눈동자 속에서 온 세상을 볼 수 있다.

정말 놀라운 일이다. 이렇게 작고 까만 눈동자 속에 세상의 온갖 빛을 담고 있으니 말이다.

내 아이가 이 책을 읽고 *log*라는 단어 하나만 알아도 근사하다. 왜냐하면, 이 책을 통해 아이는 자연의 신비로움에 흥미를 느낄 테고 엄마는 아이의 눈 속에서 우주를 발견할 수 있을 테니.

청소년 시기는 참 험난하죠. 사춘기라는 돌산도 있고 학습이라는 밀림도 있어요. 어릴 때 영어 그림책으로 과학 지식을 이야기 읽듯 습득한 아이들은 영어로 쓰인 과학전문용어들과 친숙해집니다. 그리하여 청소년 시기의 학습이라는 힘겨운 산을 가뿐히 넘을 수 있지요. 그림책의 과학적 배경지식이 튼튼한 지팡이가 되고 엄마와 함께한 즐겁고 행복한 추억이 비상식량이 되면서 말이에요!

스위스의 아동심리학자 피아제에 의하면 2세에서 7세의 전조작기에는 인과관계나 비교에 대한 개념이 없다고 하죠. 이때의 아이들은 상황을 자기중심적으로 생각하기 때문에 다양한 상황에 따른 미묘한 차이를 이해하기 어렵습니다. 예를 들어 똑같은 양의 물을 하나는 넓적한 용기에 붓고 하나는 길이가 긴 용기에 부으면 길이가 긴 용기의 물의 양이 더 많다고 생각하는 거죠. 추상적으로 사고해야 하는 과학을 이해하기 어려운 게 당연합니다.

이런 연령대의 아이들에게 그림책은 이야기에 담겨 있는 정보에 흥미를 느끼게 해주는 도구가 됩니다. 그림책 속 그림이 추상적인 내용을 쉽게 이해할 수 있는 보조적인 역할을 해주는 것이죠. '나는 문과성향인데…' 하고 머뭇거리던 마음, 그림책으로 조금은 편해지시죠?

어려운 지식이 쏙쏙 들어오는 책들 👓

Fish Faces
by Norbert Wu

아이와 함께 아쿠아리움에 갈 일이 있다면? 이 책을 추천합니다. 서로 다른 생김새를 가진 생물체가 더불어 살아가는 세상을 볼 수 있어요.

Log Hotel
by Anne Schreiber

이토록 아름다운 자연 이야기라니! 우리 아이 눈 안에 더 많은 세계를 담아 주는 경이로운 책이죠!

생각하는 어린이가
됩시다

뉴질랜드에서 *Ryan*의 입학 수속을 마치고 여러 가지 준비물을 구입할 때였다. 교복도 사고 가방도 사고 체육복도 샀다. 그리고 교과서를 구입하려고 안내문에 적혀 있는 인터넷 서점에 회원가입을 했다.

English(뉴질랜드에서는 곧 국어 과목이다) 교과서 제목을 타이핑하는데 놀랍게도, 일반 서점에서도 살 수 있는 소설이었다. 소설 딸랑 한 권, 그리고 그 한 권을 한 학기 내내 사용한다는 것이다. 제목은 *Slide the Corner*.

한 학기 동안 사용할 만큼 꽤 두껍긴 했지만 우리나라 교육시스템에 익숙해진 사고방식으로는 이해할 수 없었다. 우리나라 국어 교과서는 여러 가지 다양한 장르의 문학, 비문학 작품을 소개한다. 처음부터 끝까지 실을 수 없을 때는 중요한 부분만 소개하고 그 글에 대해 탐구한다. 아니, 자습서에 나와 있는 전문가의 분석을 외운다. 그리고 누가 누가 잘 외웠나 시험을 본다.

뉴질랜드 수업은 달랐다. 정해진 분량을 읽고 그 부분에 대해 서로 토론하고 등장인물의 성격이나 행동에 대해 이야기한다. 이야기의 발단과 전개에 대해 자신의 생각을 쓰는 것이 과제이고, '내가 작가라면 이야기의 다음 구성과 반전에 대해 어떻게 쓸까'라는 것이 중간 시험 문제였다.

아이들은 한 학기가 마무리될 쯤 일 년 열두 달 손에 쥐고 조몰락거린 종이 딱지마냥 너덜해진 소설책 한 권을 갖게 된다. 소설의 이야기도 완전히 자기 것이 된다. 공부는 못하지만 자동차 수리와 운전에 재능과 관심을 보인 주인공 *Greg*처럼 나한테도 공부 말고 다른 재능이 있을 수 있다는 가능성과 자신감이 생긴다. 또는 내가 *Greg*라면 나의 꿈을 인정하지 않는 아버지와의 관계를 어떻게 해결할 수 있을까에 대해 많은 생각을 한다. 한 권의 책을 읽고 쌓인 주관과 논리적 사고는 평생 남는 자기만의 보석이다.

가정에서는 다독을 학교에서는 정독을. 두 가지 방식의 읽기 과정을 통해 아이들의 균형 잡힌 독서 습관을 이끈다. 내가 아이들에게 영어 그림책을 읽어 주는 방법도 이와 비슷하다. 한 권의 책을 2주 동안 같이 읽는데, 읽는다기보다는 가지고 논다는 말이 더 어울린다. 이런저런 독후 활동과 함께 한 권의 책을 요리조리 맛본다. 그러다 보면 아이들은 그 책에서 작가가 보여 주려는 것 이상의 것을 본다.

내가 아이들과 함께 읽는 책 중 한 권은 바로 *The Earth and I*. 지구와 지구에 사는 사람들에 대해 진지하게 생각하게 만드는 책이다.

The Earth and I are friends.

We play together in my backyard.

I help her to grow. She helps me to grow.

When she's sad, I'm sad.

When she's happy, I'm happy.

The Earth and I are friends.

그림 하나에 문장 하나. 단어도 쉽다. 하지만 그림들을 자세히 보면 그냥 쉽게 지나칠 수 없다. 지구는 내 마음속의 모든 말을 들어 준다. 묵묵히 사람들의 삶과 지구의 모든 생명체의 경이로운 순환을 지켜 준다. 우리는 새 생명들이 노래하는 소리를 듣는다. 아름다운 지구의 안온한 궤도이다.

비가 오고 햇빛이 비치고 무지개가 뜬다. 그럼 지구와 난 다시 친구가 되어 뒷마당에서 즐겁게 논다. 우리는 지구 위에 새로운 생명이 자라도록 힘을 쓴다. 그 생명이 자라면 지구는 어미새가 아기새 모이 주듯 기꺼이 우리에게 성장의 에너지를 준다.

지구가 아프면 우리도 아프다. 그림책에는 쓰레기로 가득 찬 지구가 있다. 아이는 그런 지구에 마음 아파하고 열심히 지구의 쓰레기를 줍는다. 그러면 어느새 지구는 다시 우리에게 마음을 열고 다가 온다. 지구가 행복해하면 우리도 행복하다. 그리고 지구와 아이는 친구가 된다.

이 그림책을 읽은 아이는 사람과 지구의 관계를 이해하고, 우리가 지구를 위해 할 수 있는 일에 대해 이야기한다. 재활용을 왜 하는지, 나무를 왜 심어야 하는지 이해하고, 자기의 자그마한 손으로 할 수 있는 일이 있다고 자랑스러워한다.

이 책을 읽은 날 *Ryan*은 세계 지도를 칠하는 놀이를 했다. 바다는 새파랗게 칠하고 땅은 진한 초록색으로 칠했다. 쓰레기는 하나도 없고 나무로만 뒤덮인 지구를 원해서라고 했다.

'아이고 *Ryan*, 그럼 우리는 어디서 사냐!' 나는 속물근성의 말은 목구멍으로 삼켰다. 그리고 "우와! 멋지다. 그럼 지구도 아프지 않고 우리도 아프지 않고 잘 살 수 있겠네!"라고 폭풍칭찬을 해주었다. 파란색과 초록색 크레파스는 몽당이 되어 더 이상 쓸 수 없게 되었지만.

같은 그림책을 읽어도 아이마다 느끼는 감정과 생각이 다르다. 아이들이 자신만의 사고로 생각하는 힘을 기르기 위해서는 언어가 필요하다.

이제 에드 영의 *Seven Blind Mice*를 읽어 보자. 우리가 잘 알고 있는 장님 코끼리 만지기에 관한 이야기이다. 첫 장을 넘기면, 검정색 바탕에 진한 일곱 가지 원색의 꼬리가 보인다. 꼬리의 주인은 쥐들. 일곱 마리의 눈 먼 쥐들이 뭔가 이상한 것을 찾았다고 아우성이다.

월요일, 빨간 쥐가 제일 먼저 용감하게 나선다. 다리를 만진 빨간 쥐는 자신있게 말한다.

"It's a pillar."(이건 기둥이야.)

아무도 빨간 쥐를 믿지 않는다. 초록 쥐가 두 번째로 나선 뒤 코를 만지고는 뱀이라고 말한다.

그 뒤는 우리가 짐작할 수 있는 내용이다. 세 번째 노란 쥐는 상아를 만지고 창이라고 하고 네 번째 보라 쥐는 머리를 만지고 큰 절벽이라고 말한다. 다섯 번째 주황 쥐는 귀를 만지고는 부채라고 한다. 파란 쥐는 꼬리를 만지고 밧줄이라고 우긴다.

마지막 하얀 쥐는 다르다. 하얀 쥐는 코끼리 위에 올라가서 옆에서 옆으로 건너 달린다. 또 위에서 밑으로 왔다 갔다 달린다. 그러고는 마침내 깨닫는다.

"Ah, now I see.

The something is

as sturdy as a pillar,

supple as a snake,

wide as a cliff,

sharp as a spear,

breezy as a fan,

stringy as a rope,

but altogether the something is … an elephant!"

"아, 이제 알겠다. 기둥처럼 튼튼하고, 뱀처럼 유연하고, 절벽처럼 넓고, 창처럼 날카롭고, 부채처럼 살랑거리고, 밧줄처럼 기다랗네. 이 모든 것을 다 합치면… 바로 코끼리야!"── 이 그림책을 읽고 나면 아이들은 잠시 숨을 고르고 생각에 잠긴다. 아이들은 확실하게 표현할 수는 없지만 마음속에서 뭔가 하고픈 이야기가 생긴다는 것을 느낀다.

"이제 무엇인지 확인할 때는 전체를 다 봐야겠어요."

"다른 친구들 말도 들어야겠네."

"내 말만 맞는 게 아니었네 뭐…"

세련된 표현들은 아니지만 이런 식으로 각자 책을 읽고 생각한 점을 이야기한다. 좀 더 고등 사고로의 전환이 이루어지는 것이다.

"장님이 어떻게 코끼리한테 걸어가? 에~"

"하얀 쥐는 눈도 안 보이는데 어떻게 코끼리 위에서 왔다 갔다 해요?"

이렇게 귀여운 질문을 하는 아이들도 있다.

사실 마지막 장에 나오는 말은 어른인 우리에게도 잠시나마 생각의 열쇠를 돌린다.

"Wisdom comes from seeing the whole."

(지혜는 전체를 보는 것에서 나온다.)

우리는 살면서 선입관과 아집 속에서 얼마나 많은 진실을 외면하는지. 나만의 잣대로 판단하고 눈과 귀를 닫아 버린 순간이 얼마나 많은지. 우리 아이들에게도 마찬가지다. 수많은 가능성과 아름다운 미래가 있는데도 불구하고 남들보다 조금 늦거나 다르다고 아이의 꿈을 무시한다. 그 기준이 야말로 우리가 만들어 놓은 편견인데 말이다.

이 그림책은 논리적 사고력을 키우는 것뿐만 아니라 색과 요일 배우기에도 아주 좋다. 또한 마지막에는 'as ~ as ~' 구문을 익힐 수도 있으니 '일석다조'이다. 사랑할 수밖에 없는 책이다.

그렇다고 아이가 색 이름, 요일 이름, 그리고 'as ~ as ~' 구문'을 모른다고 눈물 흘리기 없기를.

"엄마, 작은 장님 쥐가 큰 코끼리를 알려면 온몸을 만져 봐야 하잖아. 그러니까 책도 한 장만 읽어서는 모르겠네. 끝까지 다 읽어봐야지." —이런 말을 하면 성공!

비고츠키에 의하면 사고와 언어의 관계는 그 둘의 진화 과정에서 발생하고 변화하면서 발전한다고 해요. 아동이 한 단어를 사용하기 시작하고 그 후 단어들이 조합으로 이어지면, 그 조합은 단순한 문장으로 발달합니다. 마지막으로 그 단순한 문장은 더욱 복잡한 문장이 되는데요. 이런 과정을 거쳐 아이들은 논리적으로 말하기를 시작합니다.

언어와 관련한 사고는 처음에 한 단어를 사용할 때는 의미론적으로 전체적인 복합체에서 시작합니다. 즉 말을 처음 배우는 아이가 뱉은 '물'이라는 한 마디 안에는 '목이 마르니 물을 주세요'라는 복잡한 의미가 들어 있다는 것이죠. 그 후 언어가 복잡해질수록 작은 단위인 단어의미를 숙달하게 됩니다. 예를 들어 '목이 마르니 물을 주세요'라는 문장 속에서 각각의 단어가 자신의 역할을 수행하게 되는 겁니다.

사고와 언어의 관계, 아이고 복잡해~ 머리가 지끈거리시나요? 중요한 것은 조바심 내지 않는 것. 아이들마다 단어의미를 익히는 속도가 다르다는 것을 믿고 기다리는 마음이 필요하다는 것. 이 두 가지만 기억하시면 됩니다. 아이들은 저마다의 속도로 자라니까요.

스스로 생각하는 힘을 심어 주는 책들 🐱

The Earth and I
by Frank Asch

행복지수에 영향을 미치는 요인 중 하나가 '자연'과 가까이 있는 것이라는 사실, 아셨나요? 자연과 우리 아이와의 거리를 좁히는 일, 이 책으로 시작해 보세요.

Seven Blind Mice
by Ed Young

다른 사람의 말을 경청하고 존중할 줄 아는 어른으로 성장하는 것, 이런 책을 보고 자란 아이라면 분명 가능할 거예요.

우리 아이는
몸으로 공부해요

"내가 평생 열 번을 혼났다면, 뉴질랜드에서 혼난 게 아홉 번일 거야."

*Ryan*이 지금까지도 하는 말이다.

뉴질랜드에서는 미친 듯이 공부했다. 기간이 정해진 시한부 유학생활 동안 배울 수 있는 최대한의 것을 배워야만 했다. *Ryan*의 안전과 언어적 성과를 고민해야 했고 더불어 내 개인적 욕심의 갈증도 채워야 했으니 늘 긴장과 걱정으로 불면의 날을 보냈다.

그때의 나에 대해 평계를 대자면 나의 조급함에 예민함을 더해 준 *Ryan*의 성향을 말하지 않을 수 없다. *Ryan*은 진득하니 앉아서 책을 읽기보다는 공원에서 축구하고 뛰는 것을 더 좋아했다. 내 등쌀에 밀려 책을 한 권 읽더라도 눈으로 읽기보다는 몸으로 읽는 것을 좋아했다. 몸으로 읽는다고?

*Rosie's Walk*는 글이 많이 없는 그림책으로, 다양한 위치 전치사를 배울 수 있는 재미있는 책이다. 암탉 로지는 저녁을 먹기 전 산책을 나간다. 그때 암탉을 노리는 여우가 몰래 뒤를 쫓는다. 로지는 이런 위기도 모른 채 세상물정 모르는 눈빛으로 여유만만하게 산책을 즐긴다. 마당을 가로질러 (*across the yard*) 연못을 돌아서(*around the pond*) 유유히 거리를 거닌다.

소리 없이 뒤따르던 여우는 갈퀴를 밟아 갈퀴 대에 머리를 부딪히고 연못에 빠지는 등 온갖 수난을 겪는다. 이런 난리법석을 전혀 의식하지 못하는 암탉은 산책을 무사히 끝내고 (정작 그것이 무사했던 것인지도 알지 못하고) 저녁 식사를 하러 우리로 돌아간다.

맛있는 암탉으로 저녁 식사를 하려던 여우는 로지가 마지막으로 지나갔던 벌통에서 나온 벌들에게 쫓겨 달아나게 된다. 첫 장부터 마지막 장까지 눈 하나 깜짝 않는 로지의 표정이 재미를 더해준다.

이 그림책을 읽는 Ryan의 친구는 얌전히 앉아 그림을 그린다. 자기가 로지가 되어 동네를 돌아다닌다. 동네 빵집 앞을 지나가는 그림, 자기가 다니는 유치원을 들어갔다 나오는 그림도 그린다. 나쁜 여우는 자기를 쫓아다니면서 넘어지고 부딪힌다. 옆집은 조용한 미술 갤러리가 된다.

Ryan의 학교 친구는 글에서 전치사에만 동그라미를 친다. 전치사가 장소를 나타내는 단어 앞에 쓰인다는 것을 금방 알아차린다. 그림책 속 장소를 나타내는 명사 대신 자기 동네에 있는 문방구, 학교, 놀이터를 써 넣는다. 친구의 노트는 금방 아이만의 전치사 공식으로 채워진다.

우리 Ryan은? 우리 집은 그야말로 전쟁터처럼 시끄럽고 위험해진다. 아이는 의자와 방석과 책상을 늘어놓는다.

'건초더미를 넘어서(over the haycock)' 이 장면을 읽는 순간 쌓아 놓은 방석을 뛰어 넘는다. '벌통 밑으로(under the beehives)' 하면 책상 밑으로 기어들어 갔다가 낮은 포복으로 기어 나온다. 나의 인내심의 비커는 임계량을 초과한다.

이런 성향인 Ryan의 '놀자!'와 목표 지향적인 나의 '공부하자!'의 싸움으로 하루가 멀다 하고 힘 겨루기를 했다. 그러니 나도 독하고 냉정한 엄마가 될 수밖에 없었던 것이 조금 억울하긴 하다.

이런 지난한 싸움으로 유학생활이 한참 고달플 때 *TEC-SOL* 과정을 공부하게 되었다. *EFL*(*English as a foreign language*) 상황에서 어린이에게 영어를 가르치는 교수법을 배우던 중 재미있는 수업이 있었다. 아이의 성향에 맞는 방법으로 수업하기 ─ 나는 생각했다. '이 나라 교수들도 이런 것을 걱정하고 있구나. 우리나라 엄마들만 아이들의 성향에 대해 고민하는 줄 알았네. 그만큼 세계 모든 엄마들의 걱정도 비슷하고 아이들 크는 모습도 비슷하다는 뜻이겠지.'

그 수업은 하워드 가드너의 다중지능 이론을 토대로 한 교수법을 배우는 것이었다. 만약 우리 아이가 신체운동지능을 강점으로 태어났다면 다른 지능보다 신체를 통한 해결을 먼저 시도할 것이다. 똑같은 그림책을 읽고 몸을 직접 움직여 위치 전치사의 의미를 이해하는 내 아이처럼.

*Five Little Monkeys Jumping on the Bed*라는 책을 읽자면 우리 집 침대가 튼튼한지부터 살펴야 한다. 이 책의 부록으로 포함되어 있는 *CD*에는 이야기의 내용을 가사로 만든 노래가 있다. 노래가 무척 재미있고 따라 부르기 쉽다.

It was bedtime. So five little monkeys took a bath.

Five little monkeys put on their pajamas.

Five little monkeys brushed their teeth.

Five little monkeys said good night to their mama.

"이제 잠 잘 시간. 다섯 마리 아기 원숭이는 목욕을 하고, 잠옷을 입고, 양치를 하고, 엄마에게 굿나잇 인사를 해요." ── 여기 네 문장 읽을 때까지 *Ryan*은 끓어오르는 흥분과 재미를 참느라 키득대고 손과 발을 꼼지락거린다.

그 다음 문장 *Then*부터 꾹 참았던 흥을 폭발시킨다.

Then... five little monkeys jumped on the bed!

One fell off and bumped his head.

The mama called the doctor. The doctor said,

"No more monkeys jumping on the bed!"

"그러고 나서… 다섯 마리 아기 원숭이들이 침대 위에서 뛰어올랐어요! 한 마리 아기 원숭이가 떨어져서 머리를 부딪혔어요. 엄마가 의사 선생님께 전화를 걸었어요. 의사 선생님이 말했어요. 더 이상 어떤 원숭이도 침대 위에서 뛰면

안 돼!"—나는 아이가 침대에서 떨어지지 않는지, 떨어지는 척하는 아이가 진짜로 다치지는 않는지 신경을 곤두세워야 한다. 물론 그 와중에 엄마 원숭이가 되어 의사에게 전화까지 해야 한다.

마지막 의사가 하는 말은 다 같이 소리를 질러가며 목청 터져라 외친다. 나도 예외는 아니다.

"*No more monkeys jumping on the bed!*"

마지막 장이 최고의 난제이다. 다섯 원숭이 아이를 간신히 재우고 나서 엄마 원숭이는 신난다.

"*Now I can go to bed!*"

잠을 자야 마땅한 엄마 원숭이는 아이들 자는 틈을 타서 자기도 침대에서 뛰는 놀이를 한다. 나 역시 침대 위에서 뛰어야 한다.

에너지 넘치는 아이를 키우는 엄마의 일상이었다. *Help*라는 단어 하나를 가르치기 위해 침대는 얼마나 여러 번 난파선이 됐었는지, 아이는 얼마나 많이 해적이 됐고, 또 나는 얼마나 많이 '마루 바다'에 빠져 허우적거렸는지. 왜 우리 아이는 하워드 가드너의 다중지능 중에 논리수학지능이 아니고 신체운동지능이었는지. 지금은 웃으면서 그때의 일들을 추억하지만 당시에는 많이 속상해했다.

아이마다 강점을 지닌 성향이 있다. 그 성향에 맞게 지도한다면 어느 아이나 재미있고 능동적으로 학습할 수 있다. 영어 그림책은 암기와 주입식 교육 속에서 만난 오아시스와 다름없다. 천편일률적인 영어 수업에서 탈피해 아이의 특성에 맞는 수업을 진행할 수 있는 것이다. 더군다나 엄마와 같이 하는 영어 놀이라니! 아이에게는 평생 잊지 못할 감동적인 추억이다.

우리 아이에게 넛지가 되는
마미쌤을 위한 Tip

TECSOL 과정은 어린이 학습자들을 네 가지 성향으로 분류합니다. 시각적인 학습자(Visual Learner), 운동감각적인 학습자(Kinesthetic Learner), 청각적인 학습자(Auditory Learner) 그리고 논리적인 학습자(Logical Learner)로 말이죠. 각 학습자의 특징에 맞는 수업을 통해 쉽고 적극적으로 언어 습득활동에 참여할 수 있게 한다면 같은 그림책을 읽어도 내 아이에 맞는 맞춤교육이 가능하겠죠?

또 하나. 가드너에 의하면 지능이란 특정 문화나 사회 속에서 어떤 상징도구를 활용하여 중요한 문제를 해결하거나 성과를 드러내는 능력을 말합니다. 우리가 흔히 알고 있는 언어적 지능과 논리, 수학적 지능만을 측정하는 IQ하고는 아주 다른 능력이죠. 가드너는 하나의 이야기를 완성하는 것에서부터 체스에서 상대의 수를 읽는 것, 퀼트를 고치는 것에 이르기까지, 이런 다양한 문제들을 해결하고 원하는 목표의 결과물을 만들어 내는 능력이 지능이라고 말했습니다. 이런 지능은 타고난 생물학적 특징과 연관되는데 그 생물학적 특징이 해당 영역의 문화적 환경과 관계되어 나타난다고 해요. 다시 말해, 사람은 관계되어 있는 사회 속에서의 문제를 해결하기 위해 타고난 특성 또는 강점을 사용한다는 말, 바로 이것이 가드너가 말한 '다중지능'이랍니다.

우리 아이 성향 따라 다르게 읽는 책들

Rosie's Walk
by Pat Hutchins

영어에서 배우기도 가르치기도 어려운 게 바로 전치사죠. 이 책과 함께라면 아이 스스로 전치사의 의미를 깨우칠 수 있을 거예요.

Five Little Monkeys Jumping on the Bed
by Eileen Christelow

우리 아이에게 영어책 읽어 줄 때 지력보다 체력이 더 필요할 줄이야? 힘들지만 한바탕 뛰고나면 아이와의 소중한 추억이 또 한가득 생깁니다.

멋진 그림들을
흉내 내어 볼까요?

국립현대미술관에 샤갈전이 떴다!

이런 전시회는 놓칠 수 없다. 아이들 교육에 관심 좀 있는 엄마라면 관람은 필수. 나 역시 *Ryan*의 손을 끌고 나선다. 끝도 없이 늘어진 길고 긴 줄. 우리도 대열에 합류한다.

"이건 샤갈의 〈에펠탑의 신랑신부〉라는 작품인데, 샤갈이 파리에 있다가 나치의 위협 때문에 미국 망명을…"

열심히 설명하려 애쓰지만 *Ryan*은 그다지 재미있는 것 같지 않고 우리는 뒤에서 밀려오는 무언의 압박으로 자꾸 앞의 작품으로 이동해야 했다. 멀리서 보면 개미들의 행렬이 따로 없다.

엄마라면 이런 경험이 한 번쯤 있을 것이다. 유명한 해외 미술가들의 전시회가 열리면 당연하다는 듯이 관람을 한다. 좋다는 전시회 관람은 누구를 위한 것일까. 엄마들의 '좋은 엄마, 좋은 육아'에 대한 환상은 아닐까.

많은 엄마들이 잊고 있는 사실이 하나 있다. 어느 집이나 예술 작품이 넘쳐난다는 사실. 거실 탁자 위에도 아이들 방 책꽂이에도 심지어는 화장실 선반 위에도 말이다.

이쯤에서 눈치챈 독자들이 있겠지만 내가 말하는 예술 작품은 바로 그림책이다. 그림이 담겨 있는 그림책. 우리는 보통 그림책에 들어 있는 그림을 이야기의 보조 역할로만 본다. 그러나 예술적 가치가 높은 그림책의 그림 작가에게 주는 상이 있을 정도니, 내 말이 과장만은 아닐 것이다. 물론 상과는 별개로 뛰어난 삽화가 있는 그림책도 정말 많다.

*The Adventures of Beekle*은 2015년 칼데콧 위너 상을 받은 책으로, 어릴 때 누구나 한 번쯤 가져 본 '상상 친구'에 대한 이야기이다.

상상의 나라에서 태어난 '*He*'는 자신을 상상해 줄, 그리고 이름을 지어 줄 '*real friend*'를 기다린다. 시간이 지나 다른 상상의 친구들은 *real friend*의 선택을 받는다.

선택받지 못한 *He*는 기다리다 지쳐서 결국에 직접 *real friend*를 찾아 나서지만, *He*가 도착한 '*real world*'는 이상한 세상이다. 사람들은 음악을 들을 여유도 없어 보이고 피곤에 찌든 모습이다. 간신히 상상의 세계 친구들과 *real friend*들이 모여 있는 곳을 찾아 가지만 거기에도 *He*를 선택해 줄 *real friend*는 없다.

그러던 어느 날 앨리스라는 아이가 큰 별 나무에서 내려오는 *He*를 그린다. 앨리스는 새로운 상상 친구에게 '비클'이란 이름도 지어 준다. 앨리스와 비클은 금방 친해져 간식도 나눠 먹고 재미있는 장난도 친다. 비클은 이제 세상이 좀 친근해졌고, 앨리스와 함께 상상할 수 없을 만큼 신나는 놀이를 즐긴다.

이 그림책은 이야기도 훌륭하지만 무엇보다 그림이 무척 아름답다. 아이들의 상상 친구들은 다양한 모습을 하고 있다. 주인공 비클은 유령처럼 생겼다. 무늬 없는 하얀색 피부에 금색 왕관을 쓰고 있다. 그림을 자세히 보면 금색 왕관 뒤쪽을 테이프로 붙여 놓았다. 종이로 만든 왕관이라는 것을 단박에 알 수 있다. 어린 친구가 앙증맞은 손으로 테이프를 붙이며 자신의 상상 친구를 만들었다고 생각하니 절로 미소가 지어진다. 이런 세밀한 부분까지 신경 쓴 삽화가의 배려가 따듯하다.

다른 상상 친구들의 모습은 그야말로 '상상의 세계'이다. 선택을 기다리는 상상 친구들 중에는 종이로 만든 곰도 있고, 기하학 무늬를 멋지게 장착한 문어도 있다. 화려한 오색 빛깔의 비늘을 가진 용도 있다. 모두 행복해 보인다. 우리 아이들의 천진한 마음을 보는 듯하다.

상상 세계와는 반대로 비클이 도착한 *real world*의 모습은 차갑다. 모두 삶에 지쳐 있고 제 갈 길 가기 바쁘다. 고급 식당에서 세련된 옷을 입고 케이크를 먹는 어른들은 거만한 모습이다. 어두운 무채색 배경으로 그려진 어른들의 모습은 어린이들의 화려한 상상 친구와 확연히 비교된다.

비클은 케이크를 먹는 어린이가 없는 것도 이상하게 생각한다. 아마 어른들이 못 먹게 해서 그럴 것이다. 이 또한 아이들의 행복을 빼앗는 어른들의 만행(?) 아니던가!

표지 안쪽에 그려져 있는 세계 여러 나라의 아이들과 그들의 상상 친구들은 서로 닮았다. 재미있고 개성 있는 이 책의 삽화는 아이들에게 상상 친구에 대해 생각하고 만들어 볼 수 있는 예술적 감각을 불러 일으키기 충분하다.

*Willy's Pictures*는 명화를 작가만의 해석과 유머로 풀어낸 멋진 그림책이다. 작가는 우리가 알 만한 명화를 재해석해 독특한 방식으로 전달한다.

윌리는 앤서니 브라운의 작품에 많이 등장하는 고릴라로, 이 책에서도 주인공으로 등장하여 기발한 그림들을 그린다. 윌리는 그림 그리는 것과 보는 것을 좋아한다.

"He knows that every picture tells a story..."

(그는 알고 있다. 모든 그림은 이야기를 담고 있다는 것을.)

앤서니 브라운은 다양한 명화를 패러디해서 자신만의 독특한 시선과 유머를 보여 준다. 첫 번째는 그 유명한 보티첼리의 〈비너스의 탄생 *The Birth of Venus*〉이다. 조개 껍데기 위 아름다운 비너스가 있어야 할 자리, 거기에는 고릴라가 목욕 모자를 쓰고 서 있다. 당황한 듯한 표정으로 중요한 곳을 두 손으로 가린 채. 제목은 〈*The Birthday Suit*〉이다. 그 밑에 "*Quick, cover yourself up!*"(어서, 몸을 가려!)이라고 써 있다. 그림을 자세히 보면 윌리가 담요를 들고 급하게 고릴라의 몸을 가리려고 한다. 원작에는 날개를 단 바람의 신이 비너스에게 바람을 불어 주는데, 그림책에서는 고릴라 친구들이 대신한다. 슈퍼맨처럼 보자기를 목에 두르고 말이다.

밀레의 〈이삭 줍는 여인들 *The Gleaners*〉의 패러디 작품은 더욱 유머가 넘친다. 제목은 〈The Kind Women〉. 원작에 있는 건초더미들이 윌리의 작품에서는 식빵, 크루아상 같은 빵으로 바뀐다. 그런데 가만히 보니 윌리가 잔디를 그리다가 뭔가 문제가 생긴 듯 심각한 표정을 짓고 있다. 화폭 왼쪽 한 귀퉁이가 아직 미완성이다. 이제 보니 이삭 줍는 여인들은 이삭이 아니라 붓을 들고 있다. 아! 제목이 친절한 여성이라는 이유가 있다. 윌리가 그리다가 만 잔디를 이 두 여성이 열심히 도와주고 있다. 제목 밑에는 이렇게 써 있다.

"*I had been getting a bit bored with painting all that grass.*"(이 많은 풀을 칠하다가 조금 지루해졌어요.)

얼마나 재치 있는 그림인지. 작가 앤서니 브라운은 그림책 한쪽 면을 입체적으로 사용한다. 윌리가 자신이 그리는 그림 속으로 들어가 그림 전체가 살아 있는 듯하다.

이 그림책은 처음부터 끝까지 쉽게 상상할 수 없는 참으로 기발한 패러디로 가득하다. 특히, 마지막 장면! 고릴라 윌리가 입고 있던 니트조끼가 의자에 걸쳐져 있다. 고릴라 윌리의 가면도 책상 위에 놓여 있다! 그리고 한 남자가 뒷모습을 보인 채 문을 나서고 있다. 그럼 *Willy*는 고릴라 가면을 쓴 사람이었나? 나가는 사람은 누굴까? 작가인 앤서니 브라운일까?

문을 열고 나가는 다음 장에서는 책장을 활짝 펼칠 수 있다. 그러면 그동안 패러디되었던 원작의 그림들이 보인다. 그림 밑에는 명화들에 대해 알 수 있도록 간단한 설명을 덧붙여 놓았다.

작가는 말한다.

"*Now open the fold-out pages to see the pictures that inspired Willy. Those pictures tell stories too.*"

(이제 페이지를 펼쳐서 윌리에게 영감을 준 그림들을 만나 보세요. 그 그림들도 이야기를 들려줄 거예요.)

원작 그림이 품은 이야기에 귀 기울여 보자. 그리고 원작과 윌리의 그림들을 비교해 보면서 숨겨진 이야기를 파헤쳐 보자. 아이와 함께 마음에 드는 작품을 골라 직접 패러디해 보는 것도 좋다. 앤서니 브라운의 그림은 눈에 쉽게 띄지 않는 세세한 곳까지 그냥 지나치지 않는다는 사실을 눈치챌 수 있을 것이다.

*When Sophie Gets Angry-Really, Really Angry...*을 보자. 주인공 소피가 불 같은 화를 참지 못할 때 입에서 나오는 것은 '빨간색' 화염이다. 문화마다 조금씩 차이는 있겠지만 아이들은 빨간색을 보기만 해도 소피의 분노를 느낄 수 있다.

소피가 고릴라 인형을 가지고 놀 때 동생이 인형을 빼앗으려 한다. 소피는 "*No*"라고 소리치지만 엄마는 말한다.

"Yes! It is her turn now, Sophie."(소피, 이제 동생 차례야.)

고릴라 인형을 동생에게 빼앗긴 소피는 화를 참지 못하는데, 그때 입에서 새빨간 분노의 불꽃이 솟는다. *Roar*라는 글자과 함께. 소피의 분노는 화산 폭발과도 같다.

이 장면의 삽화들은 대부분 보라, 주황, 빨간색이다. 이 색들은 소피의 억울하고 화난 표정과 잘 어울린다. 이 책을 읽는 아이들은 색깔 덕분에 소피에게 더욱 감정 이입이 된다. 특히 동생이 있는 아이들은 언젠가 억울했던 자신의 이야기까지 기억해 내며 소피와 함께 화를 내고 분통을 터뜨린다.

화가 잔뜩 난 소피는 산으로 무작정 달린다. 달리고 달리고 달리다 지쳐 한바탕 울고 난 뒤 주위를 둘러보니 바위들, 나무들, 그리고 식물들로 가득하다. 소피는 나무에 올라가 부드러운 바람을 느끼고 물과 파도를 바라본다. 넓은 세상이 소피를 위로한다. 기분이 나아져서 집으로 다시 돌아온 소피. 가족들은 소피를 반갑게 맞이하고 모두 평화로운 일상으로 돌아간다.

소피의 감정 변화는 그림에 둘러진 테두리의 색을 보면 더 잘 알 수 있다. 고릴라 인형과 놀 때는 노란색이었다가 점점 화가 치밀어 오르면서 주황색, 빨간색으로 변한다. 점차 마음의 안정을 찾으면서 다시 주황색으로 그리고 마지막에는 노란색으로 옅어진다.

그림책의 삽화는 어느 색 하나 허투루 쓰지 않는다. 아이들은 소피의 감정에 따라 바뀌는 색을 보며 의식적이든 무의식적이든 소피가 느끼는 아주 작은 감정까지 몰입한다.

아이들은 누구나 화가 날 수 있고 이는 자연스러운 감정이니 죄책감을 느끼지 않아도 된다는 것을 배운다. 또한 그 화를 어떻게 다스려야 하는지에 대해서도 진지하게 생각하게 된다.

이렇게 그림책은 아이들에게 예술적 감각을 길러 줄 뿐만 아니라 정서적 순화에도 도움이 된다. 그야말로 '그림 테라피'이다. 아이들을 미술 학원에 보내도 좋고, 아이들과 전시회를 보면서 위대한 명화의 숨결을 느끼는 것도 좋을 것이다. 하지만 못한다고 해서 자괴감에 시달릴 필요는 없다. 우리 주위에는 손만 뻗으면 잡히는 훌륭한 예술작품들이 우리의 손길을 기다리지 않는가?

"한 장만 넘겨 봐. 진짜 멋진 작품이 이 안에 들어 있어!"
라고 말하면서.

그림책을 고르면서 익숙하게 본 칼데콧 상, 궁금하셨죠? 칼데콧 상은 미국 도서관 협회에서 수여하는 상으로, 미국에서 매년 발행하는 그림책 중에서 일러스트레이션 부문에서 가장 훌륭한 그림책에 주는 상입니다(익숙하게 많이 들어 보셨을 '뉴베리상'은 문학 부문 상이랍니다). 칼데콧은 19세기 영국 일러스트레이터 '랜돌프 칼데콧'의 이름에서 따온 거라고 하네요.

또한 BIB(Biennial of Illustration Batislava)도 빼놓을 수 없는데요, BIB는 슬로바키아의 수도인 브라티슬라바에서 2년에 한 번 개최하는 세계 최고의 어린이, 청소년 책의 일러스트레이션 비엔날레입니다. BIB는 그림책의 예술적 가치와 새로운 시도가 평가 기준이라고 하는데요, 우리 아이들을 위해 책 고를 때 참고하세요!

우리 집이 작은 미술관으로 바뀌는 책들

The Adventures of Beekle
by Dan Santat

상상 친구를 갖는 건 어린이만의 특권이 아닐까 싶어요. 어른들은 결코 만날 수 없는 단 한 명의 친구를 우리 아이에게 선물해 주세요.

Willy's Pictures
by Anthony Browne

미술관이 살아 있다면 이런 느낌일까요? 거장의 유머감각과 재치로 처음부터 끝까지 꽉 채운 책입니다.

When Sophie Gets Angry - Really, Really Angry...
by Molly Bang

우리는 아이들의 감정을 충분히 존중해 주고 있을까요? '아직 애들인데 뭐' 하고 아이들의 감정을 사소하게 넘겨 버린 건 아닌지 돌아보는 건 어떨까요?

우리 집이 바로
영어의 바다

영어를 잘하려면 어떤 환경이 좋을까? 당연히 영어를 자주 쓰는 환경에 노출되는 것이다. 하지만 영어 원어민과 같이 생활하는 것이 쉽지도 않거니와 단순히 일상대화를 많이 나눈다고 해서 고급 영어가 저절로 되는 것은 아니다. 외국어를 배우고 싶다고 훌쩍 외국으로 갈 수도 없는 노릇이다.

그렇다면 영어가 외국어로 쓰이는 우리나라에서 영어를 쉽게 접할 수 있는 그리고 고급 영어를 배울 수 있는 좋은 환경은 무엇일까? 또한 엄마의 의도적 동기부여의 힘을 아이들의 자발적 동기 부여의 힘으로 전환할 수 있는 방법은 무엇일까?

내가 우리 아이에게 쓴 방법은 그림책이다.

그림책에는 대화체의 문장이 많기 때문에 실생활에 직접적으로 사용할 수 있고, 원어민과 대화하는 것과 유사한 효과가 있다.

또한 책 속의 단어와 표현은 고심 끝에 골라진, 다듬어진 언어라는 점도 기억하자. 그림책의 이야기는 간결해야 하므로 작가들은 언어 선택에 특히 더 신중하다. 어휘 하나 문장 하나를 쓸 때도 말하고자 하는 의미를 가장 잘 표현할 수 있도록 애쓴다. 간결하지만 정제된 고급 언어를 배울 수 있는 기회!

영어 그림책이 집에 많이 없다면 살고 있는 동네를 살펴보면 된다. 요즘은 영어책 도서관뿐 아니라 일반 공공 도서관에도 영어책이 많이 구비되어 있다. 한가한 오후나 주말을 이용해 주위에 있는 도서관을 방문하면 아이와의 소중한 추억을 하나 더 쌓을 수 있다.

"난 어렸을 때 엄마랑 도서관에 많이 갔었지."

어른이 된 *Ryan*이 할머니가 되어 있는 나에게 이런 말을 한다고 생각하면… 내가 *Ryan*과 살아온 모든 날들이 사랑스럽고 뿌듯할 것이다.

우리 아이들이 영어에 관심을 갖고 외국어를 만만하게 느낄 수 있는 언어 환경은 멀리 있지 않다. 영어 그림책으로 둘러싸인 우리 집이 바로 최고의 언어 환경이다. 둘러싸였다고 하니 *Ryan*이 어렸을 때 집안 곳곳에 영어 그림책을 놓아둔 기억이 난다. '놓아 두었다'기보다는 '어질러 놓은 것을 치우지 않았다'라는 말이 더 맞긴 하지만.

내 아이 영어는 내가 가르쳐 보겠다는 근거 없는 자신감으로 영어 유치원도 보내지 않았다. 딱히 학원이나 학습지를 시킨 것도 아니다. 하지만 영어라는 언어에 대한 넘치는 환경은 만들어 주고 싶었다. 그래서 내 신념대로 영어 그림책을 열심히 사 모았다.

우선 가르쳐 주고 싶은 주제가 있는 영어 그림책을 읽어주었다. 읽어 준 후 *Ryan*이 관심을 가지면 책꽂이에 꽂지 않고 그냥 소파에 툭 던져 놓곤 했다.

*Ryan*은 소파에 툭 던져 놓았던 그림책을 바로 다시 집지는 않았다. 다른 책을 읽어 달라 하기도 하고 장난감을 가지고 놀기도 했다. 심지어는 그림책이 바닥에 놓인 채 며칠이 지나기도 했다. 그러다 어느 날 눈에 띄면 스스로 요구했다.

"엄마, 저거 저번에 읽어 줬던 거네? 다시 읽어 줘."

나는 신나서 그 책을 집어 들고 배우라도 된 것처럼 목소리를 가다듬었다.

또 어느 날은 "엄마, 저 책 *CD* 틀어줘. 노래 엄청 재밌었어"라고 한다. 그럼 나는 또 신나서 *CD*를 틀고 *Ryan*과 같이 노래하고 춤을 추곤 했다.

자고로 책은 바닥에 널브러져 있어야 한다. 아이들은 그림책을 밟고 다니면서 영어 그림책의 세계에 쉽고 친근하게 다가간다. 밟고 다니다보면 눈에 띄는 표지 그림에 관심을 보이고 그러다 보면 안의 내용도 궁금해하기 마련이다.

언어를 배우기 위해 꼭 그 나라에 가는 것만이 능사는 아니다. 영어권 나라에 가서 언어를 배운다 해도 아이들의 능동적인 동기부여가 없으면 효과도 없고 스트레스만 커진다. 가장 중요한 것은 우리 아이들의 적극적인 태도, 그리고 관심이다. 그림책은 아이들에게 스스로 하고 싶은 마음과 관심을 키워 주는 가장 좋은 방법이다.

편견 없는
영어 그림책

그림책을 읽다 보면 가끔 놀란다. 읽을 때는 전혀 알지 못했는데 나중에 다시 천천히 살피면 새롭게 보이는 것들이 있다. 그림 대신 사진으로 구성되어 있는 *Friends at School*이라는 책이 있다(*school*이라고 되어 있지만 유치원이다).

이 책은 "*We are friends at school*"이라는 말로 시작한다. 아이들의 사진이 있고 사진 밑에 아이들 이름이 적혀 있다.

"*I am Ryan.*" "*I am Annie.*" 이렇게 여러 명의 아이들이 자신을 소개한다. 모카라는 토끼도 나온다.

내용은 평범한 학교 생활이다. 아이들이 학교에서 배우고 즐기고 같이 나누는 것들의 사진이 실려 있다. 아이들은 학교에서 많은 것을 한다. 토끼도 키우고 거북이도 키운다. 시장 놀이도 하고 인형 놀이도 한다. 니코는 친구들에게 책을 읽어 주고 몰리는 노래를 가르쳐 준다. 간식 시간에는 다 같이 직접 주스를 만들어 마시기도 하고 야외 놀이터에서 신나게 놀기도 한다.

그런데 가만히 사진을 보면 그냥 볼 때는 모르던 사실을 알 수 있다. 비장애아와 장애아가 같이 공부하고 먹고 뛰어노는 모습이다.

시각장애를 가진 라이언과 친구들은 함께 미끄럼틀을 탄다. 그 밑에는 이렇게 써있다.

"We play on the slide. Ryan hears someone coming down the slide. Who can it be? It's Annie." (우리는 미끄럼틀을 타고 놀아. 미끄럼 타고 누가 내려오는 걸 라이언이 들어. 누구지? 애니다!)

토끼와 거북이를 돌볼 때 보지 못하는 라이언은 다른 친구들의 도움으로 동물들을 쓰다듬는다. 다운증후군이 있는 크리스는 친구들을 위해 주스를 따라 준다.

놀라운 것은 처음에 이 책을 읽을 때 장애아들을 인지하지 못했다는 것이다. 비장애아들과 있는 모습이 너무나 자연스러워서였다. 나는 다시 책을 읽어 줄 때에야 이것을 눈치채고 *Ryan*에게 다소 교과서적인 이야기를 하게 되었다.

"여기선 몸이 불편한 친구들과 사이 좋게 지내네. 몸이 좀 불편할 뿐이지, 다른 친구들과 똑같이 생활할 수 있잖아?"

그런데 *Ryan*은 '엄마가 이런 이야기를 왜 하지?'라는 듯 이상하다는 눈빛으로 나를 빤히 쳐다보았다. 그만큼 아이들은 선입견 없이 세상을 바라본다. 아이들은 그림책을 많이 접한다. 그림책에 실린 자연스러운 장면들을 보며 아이들은 편견 없는 사람으로 자란다.

*Mama Zooms*라는 그림책은 또 어떤가! 다리가 불편한 엄마의 무릎에서 어린 아이는 무엇이든 다 할 수 있다.

책은 이렇게 시작한다.

"Mama's got a zooming machine and she zooms me everywhere." (엄마는 확대경으로 나의 모든 곳을 확대해서 보지.)

엄마의 환한 미소와 아이의 신나는 표정이 클로즈업된 그림이 있다.

아빠가 '나'를 엄마의 무릎에 올려 놓으면 엄마는 나만의 말이 되어 잔디밭을 가로지른다. 비가 오는 날은 엄마의 무릎은 바다를 항해하는 배다. 엄마의 무릎은 나만의 경주용 자동차도 되고 비행기도 된다. 또 어둠의 터널을 달리는 기차가 되기도 한다. 엄마의 무릎 위에 멋진 포즈를 취한 채 파도타기도 한다. 엄마가 달리면 엄마는 나만의 파도가 되는 것이다.

그렇다. 엄마의 *zooming machine*(확대경)은 휠체어다. 다리가 불편한 엄마는 휠체어를 탄다. 아빠와 내가 엄마를 밀어줄 때는 가파른 언덕을 오를 때뿐이다. 왜냐하면 엄마는 나도 들어 올릴 만큼 튼튼한 팔을 가지고 있으니까. 언덕 꼭대기에 오르면 엄마는 나만의 우주선이 되어 나를 태우고 수많은 별들이 반짝이는 우주를 항해한다.

불편한 엄마를 자랑스럽게 생각하는 아이의 마음이 감동적이다. 더불어 함께 살아가는 법을 가르치고, 장애인들과 평생 같이 가야 하는 가족들에게 '별반 다르지 않은 삶'이라고, '보통 사람들과 같은 행복한 삶'이라고 말하는 이 책이 소중하다.

장애와 관련한 문제뿐 아니라 인종에 관한 문제도 자연스럽게 접근하는 책이 있다. *Eating Fractions* 역시 사진으로 구성된 책이다. 아이들이 좋아하는 음식인 바나나, 빵, 피자 등으로 분수를 가르친다. 바나나 한 개가 있는 사진을 보여 주며 전체라는 개념을 가르치고 그 바나나를 둘로 나눠서 *halves*를 직접 보여 준다. 두 친구가 사이 좋게 그 바나나를 나눠 먹는다. 빵을 세 등분으로 나눈 뒤 *thirds*를, 피자를 네 등분으로 나눈 후 *fourths*를 가르친다. 두 아이는 얼굴을 마주 보며 맛있게 그리고 신나게 음식들을 나눠 먹는다. 마지막 딸기 파이는 강아지하고도 나눠 먹는다.

책의 내용은 아주 단순하고 쉬워서 이 책 한 권이면 아이들이 등분의 개념을 이해하기 충분하다.

중요한 건 나오는 두 명의 친구다. 한 명은 백인 한 명은 흑인. 둘의 사이는 그야말로 서로에게 '*best friend*'처럼 보인다. 사진 속의 두 친구에게서 인종에 대한 위압감이나 편견은 전혀 보이지 않는다. 이런 책을 자주 접하는 우리 아이들은 얼굴색에 대한 편견 같은 건 이미 없다. 그냥 자연스럽게 늘 옆에서 보던 친구들인 것이다.

또 다른 책 *Whole World*는 지구의 모든 사람들이 어울려 살아가는 모습을 보여 준다. 이 책의 이야기는 지구를 구성하고 있는 몇 가지 요소들 위주로 전개된다. 그러나 아이들은 그려져 있는 사람들에게도 집중한다. 책 표지에는 둥근 지구 둘레에 손에 손을 잡고 서 있는 다양한 인종들이 있다.

유럽, 남미, 아시아, 또는 중동. 입고 있는 옷도 피부색도 다양하다. 손에 손을 잡고 서 있는 모두가 한결같이 미소를 짓고 있다.

"*We've got the whole world in our hands.*"(온 세계가 우리 손에 있어.)

이런 문장으로 시작하는 책은 지구 위의 각 대륙을 보여 준다. 그리고 그 대륙에 사는 민족을 그려 넣었다.

아이들 눈에 인종의 벽은 존재하지 않는다. 지구에 같이 공존하는 '사람'일 뿐이다.

책은 계속해서 우리에게 세계 모든 사람들이 같은 해와 달, 같은 산과 계곡 등 모든 것을 공유한다고 이야기한다.

"*She's got the sun and the moon in her hands. He's got the mountains and the valleys in his hands.*"

세계의 다양한 민족들이 손을 잡고 해와 달을 둘러 싸고 있다. 다양한 피부 색의 사람들이 같은 산과 같은 계곡에서 춤을 춘다.

"*She's got the plains and the deserts in her hands. He's got the lakes and the rivers in his hands.*"

지구의 아름다운 평원과 사막, 호수와 강 모두 우리 것이다. 누구 한 사람의 것이 아니라, 지구를 밟고 서 있는 우리 모두의 것이다. 거기에는 편견이 있을 수 없다.

아이들은 책 속의 그림과 글을 통해서 자연스럽게 인종의 다양성을 받아들인다.

"We've got the whole world in our hands."

마지막 장면은 지구의 모든 것을 공유하는 세계인의 모습을 보여 준다. 각각의 손으로 지구를 떠받치고, 그 밑을 또 다른 사람들이 떠받치면서.

우리 아이들은 책을 읽으며 언젠가는 세계의 어느 누구와도 자연스럽게 친구가 되는 꿈을 그린다. 이런 꿈을 꾸며 큰 아이들은 엄마의 둥지를 떠나 넓은 세상으로 홀로 나설 때조차도 외롭지 않다는 것을 안다. 거칠고 두려운 첫발을 내디딜 때 비록 이름은 모를지언정 내게 미소를 지어 줄 친구들이 있다는 것을 믿기 때문이다.

이런 믿음으로 자라는 아이들은 한국에 있는 다른 피부색의 친구들에게도 정다운 미소를 지을 줄 안다. 엄마나 아빠의 나라가 다른 아이들, 피부색이 다른 아이들에게도 손을 내밀 줄 안다. 다른 점을 찾기보다는 같은 하늘을 바라보는 친구가 되는 법을 익힌다.

편견 없는 시선을 키워 주는 책들

Friends at School
by Rochelle Bunnett

우리 모두 좋은 친구가 필요하죠. 그러기 위해서는 내가 먼저 '좋은 친구'가 되어 줘야 한다는 작지만 큰 깨달음을 배워요.

Mama Zooms
by Jane Cowen-Fletcher

"우리 엄마는 달라서 특별해요!" 있는 그대로를 받아들이고 감사하는 법을 배우는 것, 남들과 비교하지 않는 것이 우리 삶을 아름답게 만들어요.

Eating Fractions
by Bruce McMillan

다른 건 이상한 걸까요? 편견 없는 마음은 내 옆의 짝꿍과 같은 음식을 나눠 먹는 데서 시작할지도 몰라요.

Whole World
by Christopher Corr

손에 손 잡고는 우리 시절 농담인 줄 알았는데, 이 책을 보니 전 세계가 정말 좁다는 실감이 들어요. 이제 우리 아이들은 전 세계 아이들과 친구가 될 수 있어요.

우리만의 이야기를
만들어 봐요

아이와 함께 영어 그림책을 읽고 나면 항상 독후 활동을 한다. 독후 활동의 큰 효과 중 하나는 외국어 습득과 더불어 창의성을 더해 주는 데 있다. 흔히 기존의 방식을 벗어나 새로운 생각과 방법으로 문제를 해결하는 능력을 뜻하는 창의성은 한 가지로 정의할 수 없는 매우 다양한 개념이다. 분명한 점은 있다. 창의성은 완벽하게 갖추고 태어나는 것이 아니다. 놀이, 탐색, 호기심 등을 적극적으로 이용함으로써 발달한다.

아이들에게 호기심과 탐색의 장을 깔아 주는 그림책은 창의력을 발달시키는 좋은 도구이다. 특히 독후 활동을 하다 보면 놀라운 창의성을 보이는 우리 아이를 발견할 수 있다.

*Little Cloud*는 아이들의 창의력을 끌어 올려주는 그림책의 좋은 예이다.

첫 장을 넘기면 구름들이 하늘을 가로질러 둥둥 떠다닌다. 작은 구름 하나가 뒤를 쫓는다. 구름들이 위로 아래로 밀려 다니면 작은 구름도 위로 아래로 밀려 다닌다. 집들과 나무들의 끝도 살짝살짝 건든다. 그러다 갑자기 구름들이 사라지면서 작은 구름은 큰 구름으로 변한다. 한 마리의 양으로, 다음은 비행기, 상어, 나무들, 토끼, 모자, 그리고 그 모자가 필요한 광대로 차례차례 변한다. 그때 사라졌던 구름들이 다시 돌아와서 말한다.

"Little Cloud, Little Cloud, come back."

그러자 작은 구름은 구름들 쪽으로 유유히 흐른다. 구름들이 모여 아주 큰 구름 덩어리가 되더니 결국엔 비로 바뀌어 마을에 쏟아진다.

이 그림책을 읽고 독후 활동을 하면 아이들마다 가지고 있는 창의성이 얼마나 훌륭한지 알게 된다. 독후 활동을 위해 색연필, 크레파스도 좋지만, 이번에는 하얀 솜이 좋다. 될 수 있으면 아주 많이. 방안을 솜 수영장으로 만들 수 있을 만큼 엄청 많이.

*Ryan*은 솜을 아주 잘게 잘라서 흩뿌려 놓는다.

"엄마, 이게 뭐게? 설탕가루 구름! 설탕가루 구름은 끈적거려서 하늘에 있는 먼지랑 나쁜 공기를 달라 붙게 해. 그럼 공기도 좋아지고 먼지도 없어지잖아. 숨을 잘 쉴 수 있어!"

미세먼지가 많은 날이면 이런 구름이 진짜로 있었으면 좋겠다. 혹시 또 누가 아나? 이런 구름이 진짜 만들어질지. 인공 비도 만드는 세상인데.

다른 한 친구는 하트 모양을 만든다.

"이건 제 마음이에요. 내 마음이 하늘로 올라가서 하트 구름이 된 거야. 이건 아빠 하트 구름, 이건 엄마 하트 구름, 이건 선생님 하트 구름. 사람들이 구름같이 착하고 하야면 좋겠어요!"

이렇게 밀하면서 파란색 도화지 하늘에 구름 솜을 붙인다. 구름이 하얀 것은 알겠는데 착하다고? 구름이 착하다는 건 어떻게 알지? 구름이 진짜 착한가? 아이의 마음을 그대로 받아 들이지 못하는 어른의 때묻은 궁금증이 밀려왔다.

아이들의 천진한 이야기를 듣다 보면 이런 순수한 창의성을 지켜 주고 싶은 마음이 간절하다. 주입식 교육에 찌들지 않고 자유로운 영혼으로 살아갈 수 있는 방법은 없는 걸까. 많은 사람이 의심 없이 같은 방향을 향할 때 자신만의 독특한 발상으로 새로운 길을 개척할 줄 아는 진정한 창의성 말이다.

솜 구름 놀이가 끝나면 축제 끝난 공원처럼 난장판이 된다. 허나 아이들의 웃음을 생각하면 저절로 콧노래가 나온다. 즐거운 마음으로 뒷정리를 할 수 있다.

비슷한 그림책이 한 권 더 있다. *It Looked Like Spilt Milk* 라는 책이다.

'*Sometimes it looked like ~. But it wasn't ~*'라는 단순한 문장 패턴이 반복되는 그림책이다. 새파란 바탕에 묻은 하얀 얼룩은 단순하면서도 무궁무진한 수수께끼 같다. 쏟아진 우유 같지만 우유가 아니었고 토끼 같지만 토끼도 아니었다. 가끔 새 같아 보이지만 새도 아니었고 나무도 아니었고 아이스크림도 아니었고 꽃은 더더욱 아니었다. 돼지, 생일 케이크, 양인 것도 같지만 그것들도 아니다. 수리부엉이도 아니고 엄지장갑도 아니었다. 다람쥐, 천사도 아닌 그것은 바로 구름이다.

아이들은 사실 이미 하얀 얼룩이 결국 무엇이 되는지 알고 있다. 그러나 구름이 되기 전에 보여지는 하얀 형태들은 아이들이 마음껏 창의력을 펼칠 수 있는 좋은 재료들이다. 이 그림책은 우선 글보다 그림을 먼저 보여 주면 좋다. 글을 가리고 그림을 보여 주면서 무엇인지 맞춰 보는 게임을 하는 것이다. 쉽게 맞출 수 있을 것 같지만 생각보다 어려운 것들도 있다. 특히 수리부엉이 편은 여러 가지 재미있는 답이 나온다. 만화에 나오는 괴물 캐릭터라든지 강아지, 불꽃까지. 정답이 있는 것은 아니니 아이들마다 다른 생각을 인정해 주면 된다.

또 하나의 재미는 하얀 형태 안에 그림을 그려 색칠을 할 수 있다는 점이다. 그림책이 좀 지저분해지긴 하지만, 그것 또한 그림책을 읽는 큰 재미가 아닐까? 내 책을 내 마음대로 디자인해 볼 수 있다는 것 말이다.

마지막으로, 창의성을 폭발하게 해주는 '그림 없는' 그림책! *The Book With No Pictures*는 제목 그대로 그림이 없는 그림책이다. 이 책은 우리에게 말한다.

"Here is how books work: Everything the words say, the person reading the book has to say."

전부 소리 내어 읽어야 한다고? 게다가 *"That's the rule"*(그것이 법칙)이라고?

처음에는 *blork*이라는 낯선 단어가 있다. 이런 단어조차도 소리 내어 읽으라고 한다. 그 다음은 *"I am a monkey who taught myself to read"*(나는 원숭이, 스스로 읽는 법을 배웠어요)라고 써있다.

이때부터 책을 읽어 주는 엄마의 역할이 대단히 중요하다. 마음을 내려놓고 나 자신을 버려야 한다. 엄마들은 할 수 있는 최선을 다해 원숭이 목소리로 원숭이 흉내를 내며 글을 읽는다.

주황색으로 크게 써 있는 글 아래쪽에는 소심한 항변이 써 있다. 작은 검정 글씨로 말이다.

"That's not true... I am not a monkey!"

(그건 거짓말이야… 나는 원숭이가 아니야!)

다음은 '로봇 원숭이'다. 이 책은 읽어 주는 사람이 그림이 되길 원한다. 우스꽝스러운 그림이 되게 하고 노래를 하게 만든다.

아이와 함께 명화의 주인공이 될 수 있는 부분도 있다.

"and also, the kid I'm reading this book to is THE BEST KID EVER IN THE HISTORY OF THE ENTIRE

WORLD."(그리고 내가 지금 책을 읽어 주고 있는 이 아이는 세계의 역사를 통틀어 최고의 아이야.)

이 글을 읽을 때 아이와 눈을 맞추며 도화지 액자를 만들어 아이의 얼굴에 갖다 댄다. 그러면 아이의 눈에서도 글을 읽어 주는 엄마 눈에서도 하트 모양 사랑이 뚝뚝 떨어진다.

이 책의 별미는 표지 뒤쪽에 있다. '*WARNING!*'이라고 쓴 빨간 글씨 밑에 다음과 같이 쓰여 있다.

"This book looks serious but it is actually COMPLETELY RIDICULOUS! If a kid is trying to make you read this book, the kid is playing a trick on you. You will end up saying SILLY THINGS and making everybody LAUGH AND LAUGH!"

(이 책은 진지해 보이지만 사실 완전히 웃긴 책입니다. 만약 아이가 당신에게 이 책을 읽게 하려 한다면 아이는 당신을 속이고 있는 거예요. 당신은 결국 바보 같은 말을 하게 될 거고 모든 사람을 웃고 또 웃게 만들 테니까요.)

이 얼마나 창의적이고 재미있는 그림책인가. 이런 기발한 책과 함께 창의력과 상상력이 쑥쑥 자라날 아이를 생각하면 다만 그림책과 작가들에게 감사할 뿐이다.

숨어버린 창의성을 찾아 주는 책들 🐱

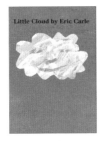

Little Cloud
by Eric Carle

책을 보면서 구름의 모양을 이야기하고, 책을 다 본 후에도 아이와 함께 하늘을 보면서 구름의 모양을 이야기해 보세요. 우리 아이 상상력이 하늘의 구름만큼 풍성해질 거예요.

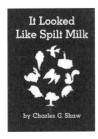

It Looked Like Spilt Milk
by Charles G. Shaw

정해진 답을 찾는 데 익숙해져 버린 어른과 달리 아이들에게는 이럴 수도 있고 저럴 수도 있는 가능성의 세계가 곧 놀이터가 됩니다.

The Book with No Pictures
by B. J. Novak

그림이 없는 그림책이라니, 처음에는 이게 말이 되나 했지만, 결국 그림은 우리의 마음속에 있다는 걸 알게 됩니다. 상상하는 만큼 재밌어지는 책!

엄마를 위하여
아이를 위하여

영어동화수업 교육을 받을 때였다. 교육원에는 '엄마표 영어'를 원하는 주부부터 초등학교 선생님까지 다양한 학생들이 있었다. 공립 초등학교에서 영어 수업을 시작한 지 얼마 되지 않기도 했고 영어 유치원도 한참 선성기를 누릴 때였다. 다양한 사람들이 모여 있었지만 모두 한마음이었다. 아이들에게 좀 더 재미있고 쉽게 영어를 가르치고 싶은 마음.

무탈하게 수업이 진행되다가 5주차 수업 때쯤 강의실이 온통 눈물 바다가 된 사건이 있었으니!

수업을 하던 강사도 울고, 옆에 앉아 열심히 공부하던 엄마 수강생도 울고, 나도 울었는데… 바로 이 책 때문! *Love You Forever.*

이 책은 아이가 성인이 될 때까지 엄마의 마음을 담고 있다. 표지부터 엄마의 일상이 짐작이 된다. 기저귀 바람의 아이가 화장실 바닥에 철퍼덕 주저앉아 장난을 친다. 휴지는 풀릴 대로 풀려서 바닥이며 변기통 안에 널브러져 있다. 치약은 짜서 바닥에 버려 놓고 샴푸도 엎어져서 흘러 넘친다. 비눗갑인지 뭔지 모를 물건은 바닥에 뚜껑이 열린 채이다.

이런 난리를 두고도 함박 웃음을 짓는 아가. 이 표지를 보는 순간 모든 엄마들의 뇌리 속에 주마등처럼 스쳐가는 장면들이 있으리라.

첫 장을 넘기면 일인용 소파에 앉아 젖먹이 갓난아기를 안고 있는 엄마가 보인다. 부드러운 미소를 머금고 아이를 지그시 바라보고 있다.

"*A mother held her new baby and very slowly rocked him back and forth, back and forth, back and forth.*"

(엄마는 막 태어난 아기를 안고 천천히 앞뒤로 흔들었습니다.)

엄마는 잠든 아이에게 조용히 자장가를 불러 준다.

"*And while she held him, she sang: I'll love you forever, I'll like you for always, As long as I'm living my baby you'll be.*"

(앞뒤로 흔들며 아기에게 노래를 불러주었어요. '너를 영원히 사랑할 거야. 언제나 너를 사랑할 거야. 내가 살아 있는 한 너는 나의 아가니까.')

아기는 자라고 자라서 두 살이 되고 표지의 장면처럼 사고를 친다. 엄마는 가끔 외친다.

"This kid is driving me CRAZY!"

하지만 곧 아기를 안고 잠을 재우며 노래를 한다. 앞서 부른 바로 그 자장가를.

"I'll love you forever, I'll like you for always, As long as I'm living my baby you'll be."

아기는 자라고 자라서 아홉 살이 된다. 아이는 저녁식사 시간을 맞추지 않고 목욕도 하기 싫어하고 할머니한테 버릇없이 굴기도 한다. 엄마는 가끔 아이를 동물원에 팔아 버리고 싶다! 그러나 밤에 아이가 잠들면 여지 없이 아이를 안고 노래를 한다.

"I'll love you forever, I'll like you for always, As long as I'm living my baby you'll be."

이쯤 되면 이 자장가의 선율이 궁금해진다. 인터넷에서 찾으면 쉽게 노래를 들을 수 있다. 우리 엄마들의 마음을 울리는 아름다운 멜로디를 듣다 보면 자장가를 불러 주던 엄마 생각이 난다. 노래를 듣고 나면 계속 입 속에서 흥얼거리게 될 것이다. 그리고 틀림없이 우리 아이가 잠잘 때 불러 줄 것이다.

아이는 금방 자라서 십 대가 된다. 아이는 이상한 친구를 사귀고 이상한 옷을 입고 이상한 노래를 듣는다. 엄마는 가끔 생각한다. 내가 동물원에 있는 것 같다고! 그러나 밤이 되면 잠자는 아이의 방에 '몰래' 들어가 자장가를 불러 준다. 몰래? 보통 이때의 아이들은 엄마에게 '출입금지'를 선언하기 때문이다.

"I'll love you forever, I'll like you for always, As long as I'm living my baby you'll be."

아이는 자라 성인이 된다. 서양의 문화인즉, 아이는 독립을 한다. 집을 떠나 건넛마을로 떠난다. 가끔 어두운 밤이 오면 엄마는 자동차를 몰고 아들의 마을로 간다. 자동차 위에 사다리를 싣고. 열려 있는 창문을 통해 들어간 엄마의 모습은 전과 달라져 있다. 희끗거리는 머리카락에 돋보기 안경을 썼다. 엄마는 여느 때처럼 아들을 안고 노래를 한다.

"I'll love you forever, I'll like you for always, As long as I'm living my baby you'll be."

이젠 엄마가 나이가 들고 늙어서 아이를 찾아갈 수 없다. 엄마는 전화를 걸어 아이에게 노래를 불러 준다.

"*I'll love you forever, I'll like you for always...*"

엄마는 노래를 끝낼 수가 없다. 너무 늙고 아파서다.

엄마 대신 성인이 된 아이가 엄마를 찾아간다. 작고 야윈 엄마를 품에 꼭 안는다. 그리고 노래를 한다.

"*I'll love you forever, I'll like you for always, As long as I'm living my Mommy you'll be.*"

(영원히 사랑해요 엄마. 언제까지나 사랑해요 엄마. 내가 살아 있는 한 엄마는 늘 나의 엄마예요.)

아들의 품에 안겨 눈을 꼭 감은 늙은 엄마의 표정에 온 세상의 평화가 있다.

집에 돌아온 아이는 2층의 작은 방으로 들어간다. 방에는 세상에 둘도 없는 자신의 딸이 잠들어 있다. 아빠가 된 아이는 조심스럽게 아기를 안아 자장가를 불러 준다.

"*I'll love you forever, I'll like you for always, As long as I'm living my baby you'll be.*"

마지막, 아들이 불러 주는 자장가를 들으며 우리는 울지 않을 수 없었다. 대를 넘어 전해지는 엄마의 사랑. 자장가는 늘 그자리에 있는 엄마의 영원한 사랑이다.

엄마를 위한 또 다른 책으로 *Baby*가 있다. 예쁜 주황색 표지에는 아기 코끼리가 장난을 치고 있다. 아가는 배가 고프다. 무화과 열매를 따 먹고 싶어 긴 코를 휘두르지만 어림도 없다. 엄마는 말한다.

"*One day, you will be tall and pick delicious figs for other baby elephants to eat.*"(언젠가 너도 키가 자라 다른 아기 코끼리들에게 맛있는 무화과를 따줄 수 있을 거야.)

아기 코끼리는 무엇이든 서툴기만 하다. 달리면서 코에 걸려 넘어지기도 하고 물을 마실 땐 너무 급하게 빨아들인다. 또 아기 코끼리는 진흙 속에 빠져 헤어나오지 못하기도 한다. 장난치다가 이모의 귀를 밟기도 하고 늪가의 악어가 무서워 꼼짝 못하기도 한다.

그럴 때마다 아가 코끼리의 옆에는 가족이 있다. 언니가 오빠가 이모가 그리고 할머니가 아가 코끼리를 위로하고 용기를 준다.

마지막 장면. 밤이 되어 졸린 아가는 엄마의 따뜻한 품에서 포근하게 잠이 든다. 엄마 코끼리와 아기 코끼리 뒤로 아름다운 저녁 노을이 내린다. 적막한 들판이 따뜻한 주황빛과 노란빛으로 물들자 엄마 코끼리가 아기 코끼리에게 속삭인다.

"One day you will be big and other baby elephants will rest against you when the sun goes down." (언젠가 네가 크면 해가 질 무렵에 다른 아가 코끼리들이 너에게 기대 쉬게 될 거야.)

아이를 키우며 힘들고 지칠 때마다 나는 이 책들을 떠올린다. 엄마의 한없는 사랑을 받고 무럭무럭 자란 아이가 다른 이들에게 사랑을 베풀 줄 아는 어른으로 자라나기를. 내 아이로 인해 이 세상이 조금 더 아름다워지기를 바라면서 말이다.

엄마의 사랑을 속삭이는 책들 🍀

Love You Forever
by Robert Munsch

바라는 것 없이 주기만 하는 무한한 마음을, 아이가 처음으로 만나는 것이 바로 '엄마'를 통해서라는 걸 생각하면 마음이 어쩐지 찡~

Baby
by Tania Cox

모든 일에 서툴지만, 결국 우리는 천천히 성장합니다. 사랑이 넘치는 아이로 자랄 수 있도록 지켜봐 주세요.

2부

영어와 친해지는
읽기 놀이

이럴 때 원어민은
뭐라고 하나?

나는 중학교 입학 후 처음 영어를 접했던 세대이다.

I am a boy. You are a girl.

중학교 *1*학년, 알파벳을 익히면서 제일 먼저 배운 영어 문장인데 지금까지 살면서 쓴 일은 없다. 앞으로도 쓸 일이 없을 것이다. '내가 처음 영어를 배운 때로부터 세월이 많이 지났으니 지금은 많이 달라졌겠지?' 생각하고 얼마 전 서점에 들러 초등학교 *3*학년 학습서를 봤다.

What is this? It is a book.

이런! 표현만 달라졌을 뿐, 잘 쓰지도 않는 문장을 배우는 것은 마찬가지였다. 다른 영어책들도 대부분 비슷한 문장으로 시작하고 있었다. 우리나라 초등학생이 원어민 친구를 만나 *"What is this?"*라는 말을 할 상황이 과연 얼마나 있을까? 아니, 있기는 할까?

나는 몇십 년이 넘도록 실생활에서 잘 쓰지 않는 영어 문장을 열심히 암기하며 영어 공부를 한다는 사실에 적잖이 놀랐다.

꽤 오래된 유머 한 토막. 미국에서 차 사고로 중상을 입은 한국인에게 경찰이 물었다.

"How are you?"

한국인은 주저 없이 대답한다.

"I'm fine, thank you. And you?"

그야말로 '웃픈' 이야기다. 이 유머가 한창일 때부터 지금까지 아마 많은 노력을 했으리라. 그럼에도 불구하고 우리의 영어는 그다지 바뀌지 않았다. 학교 교과서도 이 책임을 피하지 못한다. 교과서의 영어 표현들이 객관식 시험문제 같다. 정형화된 문장들을 만들어진 상황에 맞춰 암기하다 보니 현지 생활 영어를 알아듣기도 어렵거니와 상황과 느낌에 맞게 자연스러운 표현을 찾아내지도 못한다.

믿기 어렵겠지만 영어 그림책으로 '현지 생활 영어'까지 자연스럽게 '자기 것'으로 만드는 게 가능하다.

어느 날 서점에서 영어 그림책을 고르던 중 갑자기 내 눈을 확 끌어당기는 제목이 있었다.

Bet You Can't.

"어머! *bet*? 이 *bet*이 내가 알고 있는 그 *bet*이 맞나?"

어린이 코너에 있는 어린이 그림책이니 의심할 필요는 없었지만 당황해서 순간적으로 어린이가 봐도 되는 건가 하는 생각을 한 것도 사실이다.

내가 모르는 다른 뜻이 있구나 싶어 영어 사전을 찾아 보았다. 시사 엘리트 최신 개정판 영한사전에는 분명 이렇게 쓰여 있었다.

vt. [돈을]을 걸다; …에 걸다. 또는, *vi.* 내기를 하다.

사전은 내기와 도박에 대한 설명이 대부분이었다. 인내심을 갖고 아래쪽까지 훑어 보니 이런 내용이 보인다.

You bet! ((구어)) 틀림없이 그럴 거야!

누가 여기까지 단어를 훑어 보냐? 기분이 좀 상해서 괜히 사전 탓만 하며 툴툴거렸다. 하지만 틀린 말은 아니다. 알고 보니 *bet*은 상대의 말에 강한 공감을 표시하거나, 상대의 말을 도저히 믿을 수 없을 때, 그리고 확실한 사실을 강조하고 싶을 때까지 일상 생활에서 폭넓게 쓰이는 단어였다. *bet*이라는 단어를 사전으로만 공부한 사람이라면 단어의 구체적 사용이나 뉘앙스를 샅샅이 알기 어려운 게 사실이다.

*Bet You Can't*의 내용은 단순하다. 누나와 동생이 잠들기 전 장난감을 정리하면서 나누는 짧은 대화로 구성되어 있다. 아주 아주 큰 바구니가 있다. 누나는 그 바구니에 하루 종일 가지고 놀던 다양한 장난감을 정리한다. 자동차, 책, 줄 넘기, 공, 인형, 심지어는 롤러스케이트까지.

자기 키만 한 장난감 바구니를 들려고 하는 누나에게 동생이 호기롭게 말한다.

"*Bet you can't lift it up.*"

그 소리를 들은 누나는 자신 있게 말한다.

"*Bet I can.*"

이번에는 동생도 들 수 있다고 뽐낸다. 그러자 누나가 말한다.

"*Bet you can't.*"

동생이 맞선다.

"*Bet I can.*"

그동안 나에게 *bet*은 도박에서 베팅할 때나 쓰는 단어였다. 그런데 이 책을 통해 아이들도 일상생활에서 *bet*이라는 단어를 사용할 수 있다는 것을 배웠다. 그런 상황이 언제인지도 구체적으로 알 수 있었다. 영어 그림책을 보고 나서야 이 단어가 어린이들도 쓰는 생활영어라는 것을 알았으니…. 아무리 사전을 옆에 끼고 살아도 이런 생생한 생활 영어는 도무지 배울 수가 없는 것이다.

그 후 아이와 함께 게임을 하거나, 책 읽기 내기를 할 때 *bet*이라는 단어를 유용하게 써 먹었다. 우리 아이는 *Bet you can't*이나 *Bet I can*이라는 표현을 학교에서도 가끔 썼다는데. 이 표현을 모르는 친구 엄마들이 우리 애랑 못 놀게 하면 어쩌지? 하는 즐거운 고민도 했다는 것은 비밀이다.

또 다른 책 *Manners*는 아이들이 쉽고 재미있게 예절을 배울 수 있도록 도와 준다. 만화처럼 그려져 있는 삽화가 귀엽다. 특히 이 그림책에는 사전에서는 찾아볼 수 없는 다양한 실생활 표현들이 나와 있다.

"*Please may I lick the bowl? I promise to eat all my supper!*"(제 밥그릇을 핥아도 되나요? 저녁을 꼭 다 먹을게요!)

얼마나 귀엽고 생생한 현지 영어인지! 남기지 않고 다 먹을 테니, 그릇을 핥아도 되냐고 묻는 아이의 표정이 자신만만하면서도 애교가 넘친다.

어린이 그림책에 실리는 것을 보니, 영어권 나라에서는 이런 표현들이 실제로 많이 쓰이나 보다. 왠지 우리나라 말로 '핥다'는 반려동물에게 쓰일 법해서 사람에게 쓰기는 좀 민망스러운 단어였다.

그래도 '핥다'는 우리말이니 적절하게 상황판단을 하면서 쓸 수나 있지. 외국인에게는 아이스크림을 먹을 때 빼고는 *lick*이라는 단어를 언제 어떻게 써야 할지 생각조차 하지 못했다. 이 상황에서 써도 되나? 하고 많이 망설였던 단어이건만 그림책 한 권으로 '*lick*'의 적절한 쓰임을 알게 되다니. 가성비 최고인 영어교육법이다. 그림책은 가르치지 않지만 배우게 한다. 무척 유용하다. 사실 그림책의 효과는 다른 엄마들에게 말하지 않고 나만 알고 싶은 비밀이다.

실생활 영어표현을 알려 주는 책들 🧣

Bet You Can't!
by Penny Dale

이 책을 보고 책 제목만 외워서 써먹어도 어디 가서 "영어 좀 한
다"는 소리를 들을 수 있는 실용 만점 영어책이 여기 있어요~

Manners
by Aliki

어린시절 우리는 "아이엠어보이, 유아어걸" 이런 문장 많이 외
웠는데 도통 쓸 데가 없죠? 이젠 매일매일 쓸 수 있는 표현만 알
려 주는 알짜배기 책으로 영어 공부해요.

알파벳과의
첫 만남

중학교 *1*학년. 설레는 마음 반 두려운 마음 반이었던 첫 영어 수업 시간이 생생하다.

교과서 표지 바로 다음 장에는 인쇄체와 필기체로 된 알파벳 쓰기를 연습할 수 있는 공간이 있었다. 선생님을 따라 열심히 발음하며 알파벳을 쓰기 시작했던 그 수업이 바로 어제처럼 느껴진다. 처음에는 따라 쓴답시고 썼건만 지렁이가 꿈틀대는 듯했다. 반복하다 보니, 필기체 소문자를 *a*부터 *z*까지 끊지 않고 쓸 수 있었다. 그런 내 모습이 멋져 보였다.

단 한 가지, 필기체 소문자 r이 예쁘게 안 '그려져서' 엄청 속 상해했던 것만 빼면 말이다.

요즘 젊은 엄마들은 나와는 달리 어려서부터, 일찍인 사람은 유치원 때부터 영어를 접했다. 초등학교 때 알파벳을 외우는 정도가 아니라 이미 영어가 익숙했던 엄마들도 있을 것이다.

요새는 알파벳과 파닉스를 같이 시작하는 것이 일반적이다. 아기들이 있는 집이라면 누구나 벽에 붙여 놓는 것이 있다. 한글 익히기 포스터와 알파벳 익히기 포스터. 우리 아기들은 익히기보다는 찢는 것을 더 좋아하지만.

어쨌거나 중요한 사실은 영어를 습득하는 방법은 달라도 처음 영어를 배우는 사람이라면 누구나 알파벳을 꼭 익혀야 한다는 것이다. 쓸 줄 알아야 하고 구분할 줄 알아야 한다.

누구나 첫인상, 첫 느낌을 중요하게 생각한다. 영어도 마찬가지다. 알파벳을 처음 만나는 그 날의 감정이 즐거웠는지 힘들었는지에 따라 영어에 대한 흥미가 평생을 갈 수도 그렇지 않을 수도 있다.

그림책은 알파벳과의 첫 만남을 신나게 한다. 알파벳을 궁금하게 하고 자꾸 들여다보게 만든다. 엄마가 딱히 가르치려고 애쓰지 않아도 스스로 알고 싶어한다. 그렇게 영어에 재미를 붙인 아이들은 '스스로'라는 도구로 끊임 없이 샘솟는 가능성의 우물을 판다.

The Butterfly Alphabet은 제목에서도 알 수 있듯이 나비의 날개에서 알파벳을 찾는 사진 책이다.

알파벳 A. 첫 장에 나비 한 마리를 찍은 사진이 있다. 아래는 "On wings aloft across the skies – An alphabet of butter-flies"라는 글이 적혀 있다. 오른쪽 페이지에는 나비의 날개 중 어떤 한 부분을 확대한 사진이 있다. 그런데 그 날개의 무늬가 바로 딱 A이다. 친절하게 나비의 이름도 있다. Birdwing Butterfly. 한국 이름으로는 '비단나비'라고 한다.

다음 B도 찾아볼까? African Atlas Moth라고 되어 있다. 나비가 아닌 나방인가 보다. 전체 모습을 볼 땐 잘 모르겠는데 참으로 신기하게도 확대 사진을 들여다보면 틀림 없는 B가 있다. 금색으로 수놓은 듯한 아름다운 질감의 B다.

C의 무늬는 더욱 화려하다. Christmas Swallowtail Butter-fly는 정말 아름다운 C를 가지고 있다. 푸른 사파이어를 촘촘히 박아 놓은 듯 반짝거린다.

우리는 확대된 나비의 날개에서 A부터 Z까지 모두 찾을 수 있다. 그 어느 예술가도 절대로 만들 수 없는 형형색색의 아름다움이다. 색도 그려진 형태도 질감도 현실 세계에서는 볼 수 없을 것 같이 신비롭다. 자연의 경이로움에 또 한번 즐거워지는 순간이다.

마지막에는 책에 실린 모든 나비에 대한 설명이 실려 있다. 짧긴 해도 찬찬히 읽어 보고 익히면 나비 박사도 거뜬!

또 다른 책 *I Spy: An Alphabet in Art*는 알파벳을 익히며 명화도 감상할 수 있다.

"*I spy with my little eye something beginning with Aa*"라고 되어 있는 첫 번째 장에는 르네 마그리트의 〈*Son of Man*〉이 있다. 코트를 입고 중절모를 쓴 남자의 그림이다. 이 남자의 얼굴 정가운데 사과가 그려져 있어서 무슨 표정을 짓고 있는지는 알 수가 없다. 뒤로는 바다가 보인다. 하늘은 금방이라도 비를 뿌릴 듯 흐리다.

엄마와 아이는 이 명화에서 *A*로 시작하는 것을 찾으면 된다. 모두 알겠지만 바로 *apple*!

*B*가 숨어 있는 그림은 앙리 루소의 〈*Football Players*〉. 제목에서 알다시피 *4*명의 남자들이 럭비를 하고 있다. *20*세기 초의 유니폼이 흥미롭다. 당연하게도 이 그림에서는 *ball*, 공을 찾으면 된다. 알파벳을 익히는 데 도움이 될 뿐 아니라 그

림을 보면서 많은 이야기를 나눌 수 있다. 아이들은 잠옷 같은 축구유니폼을 보며 축구의 역사를 궁금해한다. 그림책으로 아이들의 흥미를 깊고 넓게 확장할 수 있다. 각 명화에서 그 알파벳으로 시작하는 것들이 무엇인지 어떻게 아냐고? 걱정할 필요 없다. 책의 맨 뒤에 찾아야 하는 단어의 목록이 있다. 작가의 출생과 사망 연도, 명화의 제작 연도 그리고 소장 장소까지 함께 나와 있으니 깨알 지식도 얻어갈 수 있다.

C: cat

William Hogarth (1697-1764)

The Graham Children (1742) *The National Gallery, London.*

유명한 명화도 있고 처음 보는 명화도 있다. 선명한 색감 덕분에 그림을 천천히 세심하게 살펴보기도 좋다. 아이와 그림을 소재로 이런저런 이야기를 나누다 보면 내 안에 잠자고 있던 예술감이 스멀스멀 피어 오른다.

옆에서 같이 그림을 보는 우리 아이도 심장에서 뭔가 꿈틀거린다. 이 그림책을 읽기 전에 꼭 도화지와 색연필을 준비해 두자. 움찔거리는 아이들의 예술혼을 풍부하게 해줘야 할 때이다. 알파벳 하나를 골라 그 알파벳으로 시작하는 물건을 더 그려 보자. 책 속의 명화를 따라 그리는 것도 좋다.

아무도 모르는 일이다. 우리 아이들 중에 훌륭한 예술가가 탄생할지도. 물론 알파벳 익히기는 어느새 끝나있을 테니 '식은 죽 먹기', '누워서 떡 먹기'라는 속담은 이럴 때 쓰는 건가? *It's a piece of cake!*

영어와의 첫만남이 신나지는 책들

The Butterfly Alphabet
by Kjell Bloch Sandved

나비와 알파벳의 조합. 신선한 데다가 재미있기까지 하죠. 숨은그림찾기 놀이처럼 알파벳을 재미있게 익혀 보세요.

I Spy: An Alphabet in Art
by Lucy Micklethwait

명화인 줄 모르고 어려서부터 '놀이'로 만난 예술작품들이 우리 아이 창의력에 튼튼한 밑바탕이 되어 줍니다.

꼬리에 꼬리 무는
영단어 암기

*Ryan*이 어렸을 때, 동네에 소문난 영어 학원이 있었다. 학생들의 영어 실력이 화산 용암 분출하듯 솟는다는 학원이었다. 그 학원은 초등학교 2학년 아이에게 단어를 일주일에 200개씩 암기하도록 시켰다.

"어머, 아이들이 그걸 다 외워요? 사람의 뇌는 진짜 놀랍다니까!"

나는 단어 200개가 그 연령대 아이들이 가지고 있는 인지 능력으로 가능한 양인지 진정으로 놀라서 물었다. 나에게 그 정보를 말해 준 엄마는 영어로 불러 주고 받아쓰는 시스템이기 때문에 가능하다고 말했다. 즉 우리가 알고 있는 단어 시험은 한국말 의미를 쭉 써 넣고 그 옆에 맞는 영어 단어를 쓰는 것이라면, 그 학원 아이들은 선생님들이 영어로 발음해 주는 단어를 듣고 쓰는 것이기에 200개 암기가 가능하다는 이야기이다.

지금은 그렇다 쳐도 나중에 진짜로 영어 공부가 필요할 때 아이들이 지쳐서 영어라면 고개를 절레절레 할 텐데⋯. 이는 결코 기우가 아니다. 많은 아이들이 중학교부터 영어라면 손사래를 친다. 정작 이때야말로 학습다운 학습을 해야 할 시기인데 말이다. 어릴 때 영어단어 암기에 숨 막힌 경험을 한 아이들은 영어를 그야말로 '남의 나라 말'로 여긴다. 또한 이 시기의 아이들은 엄마들의 갱년기보다도 무섭다. 하고 싶지 않은 일을 참고 견디며 이를 악무는? 그런 일은 없다. 하기 싫으면 그저 과감하게 버린다. 사춘기 아이들의 법칙이다.

고등학교에 들어가면 더 큰 사달이 난다. 고등학교는 인생의 그래프에서 대입이라는 중요한 좌표 하나를 준비하는 시기이다. 완벽한 몰입이 필요하다. 완벽한 몰입은 스스로 만든 동기에서 나온다. 강요에 의한 몰입은 아이 자신에게도 가족에게도 마음의 상처를 남긴다. 어릴 때 영어 단어를 강제로 암기한 경험이 있다면 이 시기 학습에 대한 전력투구는 힘들다.

물론 대학이 인생의 전부는 아니지만, 대입을 따지기 이전에도 우리가 살아가면서 실질적으로 필요한 것이 무엇인지 생각해 보면, 다른 나라의 언어를, 그 중에서도 가장 많이 쓰이고 있는 영어를 잘한다는 것 하나만으로도 우리 아이들이 세계 밖으로 한 걸음 나아간 것이다.

그렇다면, 갑자기 높아진 언어학습의 계단을 슬기롭게 주도적으로 오르기 위해선 무엇이 필요할까? 강제가 아닌 자발적인 영어 공부다.

아이와 함께 영어 그림책을 읽자. 아이들은 부모님의 사랑과 함께 영어 그림책에 흥미를 느낀다. 그 흥미는 자발적인 읽기 활동으로 이어진다. 자발적인 읽기 활동이 쌓이면 외국어라는 학습 부담 없이 재미있게 어휘력을 향상시킬 수 있다.

*Ryan*은 암기하는 것을 무척 싫어했다. 쓰는 것도 싫어하고 시간을 들여 뭔가를 되뇌는 것을 힘들어했다. 그때 *Ryan*의 영어 선생님 노릇을 톡톡히 해준 책이 있으니 바로 영어

그림 사전 *Oxford First Thesaurus*.

이 책은 그림책이 아니고 사전이다. 재미있는 이야기와 색감 좋은 그림으로 구성되어 있다. 중심단어와 유의어 몇 개를 이용하여 재미있는 이야기를 만든 것이다. 이야기의 내용을 따라가다 보면 비슷한 의미의 어휘를 쉽게 익힐 수 있다. 어휘를 기억하기 쉽고 나아가서는 쓰기의 기초가 된다. *TOEFL*이나 *IELTS* 같은 국제영어능력 평가시험의 쓰기 영역에서도 유의어가 중요하다는 걸 생각하면 이 책이 더 소중하게 다가온다.

*Angry*라는 단어를 예로 들어 보자. 그림은 유명한 이야기 '잭과 콩나무'이다. 잭은 보물상자를 들고 콩나무를 타고 내려간다. 밑에 있는 엄마는 시계를 들여다보며, 화를 내고 있다. 거인은 콩나무 맨 위에서 아래를 내려다보며 주먹을 쥐고 흔든다.

If someone is angry, *they are not pleased at all with what someone has done or said.*

The giant looked so angry Jack decided to run away.

You can also say that they are annoyed *or* cross.

Jack's mother is cross with him for being late.

If someone is furious or in a rage, they are very angry.

The giant is furious that Jack has stolen his treasure.

If someone loses their temper, they become angry all of a sudden.

Someone who is bad-tempered or grumpy is often in a bad mood.

Why are you so grumpy today?

angry, furious, rage, grumpy…비슷한 말들을 연관된 상황 속에서 배울 수 있을 뿐 아니라 외국어이기 때문에 느끼기 힘든 사소한 뉘앙스 차이도 알기 쉽고 재미있게 설명해 주고 있다.

'먹다'라는 뜻을 가진 *eat*은 누구나 안다. 그럼 *eat*과 비슷한 뉘앙스를 갖고 있거나 *eat*을 대체해서 쓸 수 있는 단어들은 무엇이 있을까? 단어 리스트만을 가지고 무작정 암기하려 한다면 비슷하게 생긴 풀잎 줄기들을 보고 쑥이니, 미나리니, 취나물이니, 깻잎나물이니, 단풍나물이니…라며 외우는 것만큼 힘들다.

이 사전은 *eat*과 비슷하지만 씹고 삼키는 과정에서 조금씩 다른 의미를 뜻하는 어휘들을 설명한다.

When you eat, you take food into your mouth and swallow it. You can use these words to talk about different ways of eating.

If you bite something, you use your teeth to cut into it. When you chew food, you break it up between your teeth.

To gobble means to eat something quickly and greedily.

To munch means to chew something noisily.

To nibble means to take tiny bites.

To taste means to try a little bit of food to see what it is like.

gnaw, graze, peck...등 사람에게 쓰는 말, 동물에게 쓰는 말까지도 구분해 준다.

These words are to do with animals.

To gnaw means to keep biting something which is hard. The dog gnawed the bone.

To graze means to eat grass. Cows graze in the field.

To peck means to eat something with a beak. Hens peck at the corn.

또 하나 우리가 잘 알고 있는 쉬운 어휘로 예를 들어 보자. Go. 우리가 정말로 많이 쓰는 단어이다. 그런데 go는 정말 우리가 알고 있는 '가다'라는 의미로만 쓰일까?

Go is a very common word and it has a lot of different meanings.

You can often use another word instead.

The children sing a song as they go down the lane.

You could say walk instead.

A racing car can go very fast.

You could say travel instead.

Is it time to go?

You could say leave instead.

Does this path go to the waterfall?

You could say lead instead.

Where did my bike go to?

You could say disappear instead.

My watch won't go.

You could say work instead.

Where do these coats go?

You could say belong instead.

Where does this piece go in the jigsaw?

You could say fit instead.

Put the milk in the fridge or it will go sour.

You could say become instead.

이 사전은 아이들뿐 아니라 성인이 보기에도 부족함이 없다. 우리도 쓰는 단어만 쓰지 비슷한 상황에서 쓸 수 있는 다른 어휘나 뉘앙스에 대해서는 잘 알지 못하지 않던가?

언어라는 것은 단순히 사전적 뜻을 넘어 상황과 그 언어를 쓰는 문화에 따라 달라진다는 것을 이해하는 게 중요하다. 우리나라 사람들이 뜨거운 해장국을 먹으면서 또는 뜨거운 목욕탕 물에 들어가면서 "아~시원하다~"라고 말하는 것을 외국인이 어떻게 이해하겠는가. '시원한: cool'이라는 단어 리스트만 암기한 외국인은 더더욱 이해하기 어려운 상황일 것이다.

직접 영어 문화권에서 생활하지 않는 한, 우리가 배우고자 하는 목적언어로 쓰여진 그림책 또는 소설책을 읽는 것보다 효율적인 외국어 학습방법은 아마도 없을 것이다.

다독이 어휘력에 미치는 영향은 말 안 해도 다 짐작하실 수 있겠죠? 읽기를 통한 어휘학습은 외국어를 습득하는 데 있어서도, 모국어와 같은 원리가 작용합니다. 모국어 화자가 독서 경험으로 많은 어휘를 습득할 수 있듯이, 외국어 역시 목표언어로 쓰인 책을 읽고 우연적인 어휘습득이 가능하다는 말입니다. 여러 실험 결과 어휘력이 많이 부족한 초보단계의 학습자도 많은 양의 영어 그림책 독서를 통해 어휘력이 향상되었음을 입증했다고 하니, 영어 그림책만 있으면 우리 아이 영어 공부 걱정 없겠죠? 갑자기 '나도, 우리 아이도 할 수 있겠는데?' 자신감이 뿜뿜 생기지 않나요?

우리 아이 영어 체력을 길러주는 책

Oxford First Thesaurus
by Andrew Delahunty

아이에게 읽어 주려고 샀는데 엄마가 더 신나서 읽는 영어책입니다. 기본에 충실한 어휘공부가 재밌기까지 하니 정말 보석 같은 책이지 뭐예요.

영어 조크에도
웃는 아이로

같은 나라 안에서도 사람마다 나이대마다 유머코드가 다른데 하물며 다른 나라 사람들끼리 나누는 유머는 얼마나 허공을 맴도는 메아리 같을까? 외국인들이 나누는 대화를 듣다가 그들만이 웃는 대목을 보고 있자면 '왜? 도대체? 어디가 웃음 포인트인데?' 하는 나만의 좌절이 밀려 온다. 바보가 된 듯하다가도 '문화가 다른데 그 문화만이 가지고 있는 유머코드를 어떻게 이해하겠어!' 하고 괜히 부아가 치밀기도 한다.

이미 이렇게 자란(?) 우리는 그렇다 치고, 아이들은 어쩐담. 혹시 우리 아이들이 글로벌한 유머를 자연스럽게 습득할 수 있는 방법은 없을까? 이렇게 세계가 점점 좁아지는 추세라면 다른 문화 다른 언어권의 유머도 자연스럽게 받아들일 수 있는 열린 마음이 있어야 하지 않을까? 적어도 그런 배경 지식 정도는 갖춰야 하지 않을까?

영어에 대한 감각을 키워 주는 시리즈 도서 중에 *Amelia Bedelia*라는 책이 있다. 어느 나라나 단어간의 유사성을 활용한 말장난은 사람들을 웃기는 재주가 있다. 특히 영어를 쓰는 나라의 언어유희는 알면 알수록 뒷목을 잡게 한다. 그런 점에서 이 책은 영어 어휘의 다양한 의미를 이리저리 요리하는 재미를 보여 준다. 물론 어휘의 뜻을 모르면 전혀 웃기지 않다. 왜 이 장면이 웃긴지 왜 우리가 웃어야 하는지 아이와 사전 찾아가며 공부하는 맛도 쏠쏠하다.

주인공 아멜리아는 로저 부부의 집에 가사 도우미로 취직한다. 근무 첫날 로저 부부가 바쁜 일로 집을 비우면서 아멜리아에게 할 일의 목록을 적어 주는데, 이 목록이 사건의 발단이다. 첫 번째 할 일은 초록색 욕실에 있는 수건을 바꾸는 (*change*) 일. 아멜리아는 고급스러운 분홍 타월을 보며 "이렇게 좋은 수건을 왜 변하게(*change*) 하라는 거지?"라며 의아해한다. 그러나 일은 일. 아멜리아는 곧 가위를 가지고 와 수건을 잘라 모양을 '변하게' 만든다. 다음 할 일은 가구의 먼지를 터는(*dust*) 일. 아멜리아는 고운 가루를 뿌리라는(*dust*) 로저 부인의 지시가 이해되지 않지만 향기로운 파우더 가루를 온 가구에 뿌린다. 아멜리아는 파우더 가루 천지가 된 거실에서 풍기는 좋은 냄새에 흐뭇해한다. 아멜리아는 다음 해야 할 일로 커튼을 치는(*draw*) 대신 종이에 커튼을 그린다(*draw*).

아멜리아는 쉬지 않고 성실하게 집안일을 한다. 다음으로 주어진 업무는 전깃불(*light*)을 끄는 것(*put out*). 그런데 세상에! 아멜리아는 전등(*light*)을 모두 빼 밖으로 가지고 나가(*out*) 널어 놓는다(*put*). 다른 빨래들처럼. 그러면서 많이 배웠다고 뿌듯해한다. 또, 저녁을 짓기 위해 쌀 두 컵을 덜어내야(*measure*) 하는데 두 컵 가득 쌀을 채우고 그 높이를 잰다(*measure*). 다음은 더 가관이다. 배달된 고기의 지방을 잘라내고(*trim*) 닭을 다듬어야(*dress*) 하는데 그만 고기를 예쁘게 장식하고(*trim*), 닭에게 아주 어울리는 멜빵바지를 만들어입힌다(*dress*).

드디어 로저 부부가 돌아온다. 로저 부인은 난리가 난 집을 보며 화를 내고 아멜리아를 해고하려 한다. 그때! 로저 아저씨가 레몬머랭 파이를 부인의 입에 넣어 주자 로저 부인은 화내는 것을 잊어 버린다. 레몬머랭 파이는 일하는 짬짬이 아멜리아가 만든 것이다. 그랬다. 아멜리아는 말귀는 잘 알아듣지 못해도 머랭파이를 무척 맛있게 굽는 능력의 소유자였다. 결국 파이 덕분에 아멜리아는 로저 부부의 집에서 계속 일하게 된다는 이야기.

책을 읽고 나서 한 가지 놀라운 사실을 알았다. 솔직히 나는 단어의 뜻을 알고 동음이의어를 활용한 유머를 알고 있었지만 그리 재미있지는 않았다. 그냥 '단어의 뜻이 많으니까 그렇지'라고 단순하게 생각했다. *Ryan*은 달랐다. 단어의 의미와 아멜리아가 실수한 이유를 자세히 설명해 주지 않았는데도 단번에 알아챈 것. 그리고 아멜리아의 실수가 재미있는지 연신 키득키득거렸다. 어릴 때부터 꾸준히 읽어 온 영어 그림책을 통해 단어의 쓰임새를 체화, 즉 온몸으로 받아들인 것이다. 언어를 학습한 것이 아니고 습득한 것이다.

이 책의 작가가 '아멜리아'라는 캐릭터를 만든 일화도 재미있다. 작가가 어느 집에 갔다가 말귀를 잘 알아듣지 못하는 하녀를 본다. 그 어린 하녀는 숙어를 이해하지 못하고 문자 그대로 이해해 '*Sweep around the room*'이라는 주인의 지시에 방 둘레만 청소하고 방 가운데는 그냥 둔다. 자신이 가르친 어린 아이들 중에도 숙어를 문자 그대로 이해하는 아이들이 많았다는 점을 떠올린 작가는 이런 아이가 주인공이라면 아이들이 좋아할 거라 생각했다. 이 책이 60년이나 되었는데도 지금까지 읽히고 있으니 언어의 마술은 참으로 놀랍다.

There's a Frog in My Throat!은 또 어떤가!

목구멍에 개구리가 있다고? 책 제목과 표지 그림을 본 *Ryan*이 기겁을 한다.

"엄마! 목구멍에 개구리가 있네. 그 개구리가 파리도 잡아먹고 있어."

*440 Animal Sayings a Little Bird told Me*라는 부제가 달린 이 책은 동물들과 관련된 직유(*simile*), 은유(*metaphor*), 관용구(*idiom*), 그리고 속담(*proverb*)을 소개한다. 책머리에 '속담(*saying*)은 짧은 몇 마디로 많은 의미를 담고 있다'고 알려 준다. 또한 같은 의미라도 *It's raining hard*보다는 *It's raining cats and dogs*로 말하는 것이 더 재미있다고 한다. 모든 언어에는 고유한 속담이 있고 그것을 알아가는 것도 다른 언어의 사고 회로를 알아가는 즐거움이다.

이쯤에서 책 제목이 무엇을 말하는지 알아볼까? 책의 중간쯤 보면 의미가 나오는데 *There's a Frog in My Throat*의 뜻은 *My throat is hoarse*!이다. 즉 목이 쉬었다는 말.

같은 페이지를 보면 "*If it looks like a duck, walks like a duck, and quacks like a duck, it's a DUCK!*"라는 말이 있다. 분명하다(*It's obvious*)는 뜻을 가진 이 표현은 어떤 상황이나 사람에 대한 첫인상이 결국은 옳다는 말로 주로 부정적인 느낌으로 쓴다고 한다.

우리나라에 '독수리 타법'이라는 것이 있다. 컴퓨터 자판을 열 손가락을 다 이용해서 빠르게 치지 못하고 한 손가락만 이용해서 타이핑하는 것이다. 영어에는 *hunt-and-peck*이라는 말이 있다. 사냥을 해서 쪼아 먹는다니. 자판을 한 손가락으로 톡톡 치는 것을 뾰족한 부리로 먹이를 콕콕 쪼아 먹는 것에 빗댄 재미있는 표현이다.

또 *I've seen the elephant*는 '이미 충분히 너무 많이 봤다'는 뜻이고 *Come out of your shell*은 '부끄러워하지 말라'는 뜻이다. *You have the back bone of a jelly fish*는 *Ryan*이 꾀를 부릴 때 가끔 써 먹었던 표현으로 의지가 약하다는 말이다. 해파리의 척추라니 얼마나 흐물흐물할 것인가!

언어유희에 관련된 그림책뿐만 아니라 내용으로 반전을 선사하는 유머 가득한 책도 많다.

*A Dark, Dark Tale*은 나와 *Ryan*이 무척 좋아한 책이다. 세트에 딸린 *CD*는 으스스한 멜로디로 엄마가 책장을 넘겨 주는 동안 우리의 마음을 더 졸아들게 한다. 우리는 *1*인칭 주인공 시점이 되어 책 속으로 빨려들어 간다. 책을 읽는 우리가 주인공이다.

옛날 옛적 어두운 황야 지대가 있었다. 그 황야에는 어두운 숲이 있고, 숲속에는 어둡고 어두운 집이 한 채 있다. 집이라기보다는 드라큘라가 사는 성 같다. 어둡고 어두운 문을 열고 안으로 들어간다. 문 뒤에는 어둡고 어두운 복도가 있고… 점점 그 집의 깊숙한 내부로 여행을 하게 된다. 책을 찾아 읽을 마미쌤과 아이들을 위해 더 이상은 생략. 마지막 반전을 기대하시라. 이 책은 방음이 철저한 공간에서 읽는 것이 좋다. 마지막 장면에서 아이들이 자기들 옆에 유령이라도 있는 듯 소리를 지르기 때문이다.

뉴질랜드에서 다른 건 다 아끼면서 책 사는 데는 아낌이 없었던 내가 좋아했던 책 중 *The Encyclopedia of Immaturity*라는 책이 있다. 부제는 *How to Never Grow Up – The Com-*

plete Guide. 400쪽이 넘는 책은 갖가지 우스꽝스러운 놀이, 만들기 또는 놀리기 방법에 대해 소개한다.

*How Do You Say "Poop" in Potsdam?*이라는 페이지를 보면 제목 그대로 세계 여러 나라의 '똥'이라는 단어가 쓰여 있다. 아이슬란드어는 *kúkur*, 독일어는 *bais*, 일본어는 *unchi* 이다. 반갑게도 한국어도 있다. "*Ddong.*" 뉴질랜드의 유머는 이런 거구나. 하긴 아이들에게 더러운 것은 시대와 지역을 불문한 유머 소재이다.

이 책은 *Knock knock joke*라는 것도 소개한다. 이 농담은 미국에서도 잘 알려진 유머인데 발음의 유사성이나 어휘의 의미를 알아야 재미있다. 어릴 때부터 *Knock knock joke*가 나오는 그림책 몇 권을 본 *Ryan*은 *Knock knock joke*를 쉽게 이해하는 동시에 스스로 만들어 내기도 했다.

농담은 문을 두드리면서부터 시작된다. 한 친구가 "*Knock knock*"하면 다른 친구가 "*Who's there?*"하고 물어봐야 한다. 그리고 나서 친구가 자신을 소개하면 그 말을 그대로 따라 하면서 *who*라는 말로 끝내야 한다. 그 다음이 중요한 웃음 포인트이다.

A: Knock knock.

B: Who's there?

A: Interrupting Cow.

B: Inter...

A: (B가 끝에 *who*라는 말을 붙이기도 전에 "*interrupting*"하면서) *MOO!*

*Interrupting cow*이기 때문에 B의 말이 끝나기도 전에 말을 방해한 것이다. 우리가 듣기에는 아재 개그만큼 싱겁다고 할 터이지만 영어권 나라에서는 꽤 재미있는 유머이다.

이것은 *Ryan*이 가장 좋아했던 *knock knock joke*이다. 역시 아이들은 똥 이야기를 좋아한다.

A: Knock knock.

B: Who's there?

A: Europe.

B: Europe who?

A: NO! You are a poo! (A는 B의 발음을 '*You are a poo*'라고 들은 척한 것이다.)

그 후 *Ryan*은 이런 *joke*를 만들었다.

Ryan: Knock knock.

나: *Who's there?*

Ryan: Ryan.

나: *Ryan who?*

Ryan: YES! LION! ROAR! (*Ryan*은 비슷한 발음의 *Lion*으로 들은 척한다. 난 무서운 척 도망가야 한다.)

어릴 때부터 다른 문화의 유머를 경험하고 자라면 세계를 보는 시야가 달라진다. 우리 아이들이 전 세계를 여유로운 미소로 품을 수 있게 도와 주는 책, 그런 책들이 큰 가슴을 열고 우리들을 기다린다.

영어 실력 UP시켜주는 책들 📖

Amelia Bedelia
by Peggy Parish

단어의 여러 가지 사용을 몸소 실천해서 알려 주는 아멜리아 덕분에 우리는 웃으며 단어공부를 할 수 있어요.

There's a Frog in My Throat!
by Pat Street

목구멍에 개구리가 있다고? 잊기 어려운 영어 표현으로 현지 영어도 문제 없어요!

A Dark, Dark Tale
by Ruth Brown

외국어로 된 책을 읽을 때 무서운 이야기에 소름이 돋는다면 책을 잘 읽었다는 증거! 우리 아이의 영어실력을 업그레이드시켜 주세요.

The Encyclopedia of Immaturity
by Editors Of Klutz

영원히 철들지 않고, 호기심과 유머를 삶의 제1원칙으로 여기며 살 수 있을까요? 이 책이 힌트가 되어 줄 거에요.

읽기도 해결되는
영어 그림책

영어 그림책만 읽어 줘도 영어 독해 연습이 가능할까?

많은 엄마들은 불안하다. 영어가 외국어인 우리나라에서 그림책으로 과연 영어 습득이 가능한지 나에게 정말 많이 물어 온다. 그림책 읽는 것을 제외하면 하루에 영어를 얼마나 접할까? 잘하는 수준에 이르려면 최소 임계량의 법칙에 의해 거의 1만 시간 이상 영어를 접해야 한다던데….

결론부터 말하자면, 이건 걱정할 필요가 없다.

아이를 키울 때 대부분 이런 경험을 한다. 우리 아이가 한

글을 깨치지도 않았는데 그림책을 보면서 글을 읽는다. 그런데 신기하게도 거의 맞다. 순간 우리는 행복한 착각에 빠진다. '혹시 우리 애가… 천…천재?'

하지만 모두 알다시피 그것은 한글을 보고 읽는 것이 아니다. 엄마가 자주 읽어 주다 보니 그 내용을 외운 것이다. 외운 내용을 그림을 보면서 기억하고 발화하는 것이다.

이런 행동은 자연스러운 성장 과정이다. 그러면서 아이는 글에 대한 자신감이 생기고 스스로 읽고 있다고 믿는다. 곧 글에 대한 거부감이나 두려움이 없어지고 진짜 읽기를 위한 준비과정을 마친다. 영어도 마찬가지다. 자연스러운 언어 발달과정에 더할 나위 없이 좋은 영어 그림책들이 있다. 이 책들은 읽기 전 준비 과정을 쉽고 재미있게 이끈다.

영어 그림책에 관심이 있는 엄마들이라면 누구나 다 알고 있는 동화책이 한 권 있다. 정확한 제목은 몰라도 *"Brown Bear"*라고 하면 다들 "아~ 그책!" 하고 반응한다.

*Brown Bear, Brown Bear, What Do You See?*는 영어 그림책에 있어서 경지에 오른 책이라 해도 과언이 아니다.

책의 내용은 패턴 문장의 반복이다.

"Brown bear, brown bear, what do you see? I see a red bird

looking at me.

Red bird, red bird, what do you see? I see a yellow duck looking at me."

패턴 문장이 주요 동물 명사와 색깔 명사만 바뀌면서 반복된다. 그러다 보니 몇 번 읽어 주면 아이들은 뒷 내용을 예측할 수 있다. 나중에는 시키지 않아도 스스로 주요 문장 부분을 큰 소리로 말한다.

이런 그림책을 읽고 나서 독후 활동으로 자기만의 그림책 만들기를 해보면 좋다. 그림책을 만들어야 한다고 해서 겁낼 필요는 전혀 없다. A4용지를 잘라 책 모양을 만든 후 엄마가 주요 구문을 써주고 아이가 써야 할 부분은 밑줄 처리해주면 끝.

'(색) (동물) *what do you see? I see a* (색) (동물) *looking at me.*'

이렇게 써 주고, 색과 동물은 아이가 쓸 수 있도록 도와준다. 만약 쓰기가 힘들다면 아이는 말로 하고 엄마가 대신 써 주면 된다. 남은 공간에 그림까지 그려 주면 우리 아이만의 책이 완성된다. 물론 아이에 따라 동물 그림은 모두 비슷하게 생긴 낙서처럼 보일 수도 있지만.

*Ryan*은 이 책을 읽고 난 후 집안의 모든 무생물에게도 생

명을 불어넣는 기염을 토했다.

"Ryan, Ryan, what do you see?"

"I see a desk looking at me."

순간 이성적인 사고가 불쑥 튀어나와 '책상이 어떻게 너를 보니?'라고 이야기해 줘야 하나? 하고 고민을 했지만 뭐 어떠랴! 책상이 *Ryan*을 보든 지붕이 *Ryan*을 보든, 우리 아이가 동화책의 패턴을 암기하고 응용하는 것만 들어도 행복하다.

다른 그림책은 *Quick as a Cricket*. 역시 삽화 하나에 문장 하나로 이루어진 아주 단순한 그림책이다. 그러나 한 문장에 담겨 있는 '나는 누구인가'라는 깊은 철학적 질문은 우리 어른들조차 그냥 지나치지 않게 한다.

첫 번째 문장은 *"I'm as quick as a cricket."* 뒤이어 *"I'm as slow as a snail. I'm as small as an ant"*라는 문장이 나온다. *'as ~ as~'* 구문을 적절하게 사용하면서 계속 동물들과 비교한다. 마지막 장에서 그림 속의 아이는 그동안 비교했던 동물들의 사진을 모두 벽에 붙인다. 그리고 이렇게 말한다.

"Put it all together. And you've got ME!"

쉽고 짧은 문장이 반복되기 때문에 몇 번 읽어 주다 보면 아이들은 책의 내용을 금방 외운다. 동물 이름도 어느 틈엔가 모조리 외운다. 아이들은 엄마 없이 책을 들고 스스로 읽는다. 아니 외운다. 옆에서 지켜보는 우리는 그런 아이의 모습이 귀엽고 우습기도 하고 아이의 읽기에 대한 진지함에 마음이 뭉클해지기도 한다.

아이는 스스로 읽고 있다고 믿으며 읽기에 대한 자신감과 자부심으로 넘친다.

Don't Forget the Bacon!은 아이들이 읽기 자신감에 승리의 깃발을 꽂게 한다. 다른 두 책처럼 한 문장 패턴이 반복되지는 않지만 아이들이 쉽게 외울 수 있는 문장으로 구성되어 있다. 이 책을 암기하고 나면 아이 스스로 느끼는 읽기에 대한 신뢰가 다른 두 책보다 더욱 커진다.

책은 엄마가 아들에게 식료품 심부름을 시키는 것으로 시작한다.

"SIX FARM EGGS, A CAKE FOR TEA, A POUND OF PEARS, AND DON'T FORGET THE BACON."

대문자로 쿡쿡 박아 놓은 글! 엄마가 아이에게 사야 할 것을 절대로 잊어버리지 말라고 강조하는 것이 온몸으로 느껴진다. 하지만 누구나 알 수 있듯이 강조를 위한 강조의 잔소리는 곧 일어날 아이의 귀여운 비극을 예견한다.

아이는 강아지를 데리고 바구니도 들고 엄마가 주신 지갑도 들고 시장으로 향한다. 머릿속으로는 사야 할 것을 열심히 되뇐다. 지나가는 길에 세 명의 뚱뚱한(*fat*) 아주머니들의 뒷모습이 보인다.

"*Six fat legs, a cake for tea, a pound of pears and don't forget the bacon.*"

*Six farm eggs*가 *six fat legs*가 된 순간! 이미 엄마가 걱정한 대로 물건 사기는 실패의 조짐이 보인다.

그 다음은 망토(*cape*)를 걸친 아이가 자전거를 타고 지나간다.

"*Six fat legs, a cape for me, a pound of pears, and don't forget the bacon.*"

우리의 안쓰러운 주인공은 순간 *cake*와 *cape*를 다르게 중얼거린다.

그래도 착한 주인공은 엄마의 말씀을 잘듣기 위해 노력하는 중이다. 사야 할 물건을 자꾸 되뇌니 말이다.

이번에는 계단(*stairs*)을 내려간다.

"*Six fat legs, a cape for me, a flight of stairs, and don't forget the bacon.*"

아뿔싸! 이미 사야 할 물건이 한참 달라졌다.

다음은 여섯 개의 빨래집게(*clothes pegs*)에 빨래가 널린 담벼락을 지나간다.

"*Six clothes pegs, a cape for me, a flight of stairs, and don't forget the bacon.*"

이쯤 되면 우리는 이제 아이가 다음에는 어디를 지나갈지 궁금해지기 시작한다.

다음은 낙엽(*leaves*)을 긁어 모으고(*rake*) 있는 공원 관리인 앞이다.

"*Six clothes pegs, a rake for leaves, a flight of stairs, and don't forget the bacon.*"

그리고 의자 한 무더기(*a pile of chairs*)가 쌓인 가구점.

"*Six clothes pegs, a rake for leaves, a pile of chairs, and don't forget the bacon.*"

어쨌거나 아이는 가게에 도착하고 가게 주인 아저씨께 자신 있게 주문을 한다.

"*SIX CLOTHES PEGS, A RAKE FOR LEAVES, AND A PILE OF CHAIRS, PLEASE.*"

아저씨와 짐을 나눠 들고 집에 오는 길이다. 다시 길을 돌아가면서 아이는 하나씩 차례로 자신이 뭔가 실수했다는 것을 깨닫는다.

가구점을 지나가며 *a pile of chairs?*

계단을 올라가며 *a flight of stairs?*

과일 파는 아주머니를 만나는 순간 *A POUND OF PEARS*!

아이는 의자를 물리고 배를 산다.

다시 공원을 지나가다 *a rake for leaves?*

자전거 타는 아이를 보고 *a cape for me?*

케이크 가게를 지나가게 순간 *A CAKE FOR TEA*!

아이는 놀란다. 망토를 물리고 케이크를 산다.

이번에는 빨래 줄을 지나가면서, *six clothes pegs?*

아주머니 뒷모습을 보면서, *six fat legs?*

동시에 계란 장수 아저씨를 만난다. 그러고는 *SIX FARM EGGS*!를 생각해 낸다.

결국 "*six farm eggs, a cake for tea, and a pound of pears!*"를 다 사고 의기양양하게 집으로 간다.

팔았던 물건을 다시 들고 가게로 돌아가는 아저씨의 화난 얼굴도 놓칠 수 없는 재미이다.

하지만 아이가 엄마에게 마지막으로 해야 했던 말은,

"*I FORGOT THE BACON!*"

글로만 읽으면 어려운 책일 것 같지만 그렇지 않다. 그림 속에 힌트가 있기 때문에 아이들은 장면마다 바뀌는 물건 이름을 금방 외운다.

아이는 왠지 어려워 보이는 책인데 자기가 읽고 있는 것을 느끼는 순간 (물론 외우는 것이지만) 자신감이 솟구친다. "*Don't forget the bacon!*"을 읽을 때마다 엄마가 큰 소리로 같이 해주면 아이의 재미는 억만 배가 된다.

상상해 보자. 고사리 같은 손으로 책장을 넘기며 "*Don't forget the bacon!*" 외치는 우리 아이를. 이 글을 쓰는 지금 나도 그 시절 우리 *Ryan*을 떠올리며 살짝궁 미소 짓는다.

크라센의 『읽기 혁명』에 나오는 실험들은 외국어 학습에서 독서가 얼마나 핵심적인지 잘 보여 줍니다. 자율 독서를 한 학생들이 외국어 독해력, 어휘, 말하기, 문법, 듣기, 쓰기 능력 테스트에서 전통적 학습을 한 학생들보다 훨씬 좋은 성적이 나왔다고 하는데요, 연구 결과처럼 크라센은 독서, 특히 자율독서(Free Voluntary Reading)가 외국어 능력을 높은 수준으로 발전시킬 수 있는 방법이라고 확신한다고 하네요.

Brown Bear, Brown Bear, What Do You See?
by Bill Martin Jr

아이 있는 엄마라면 누구나 아는 바로 그 책, 꼬리에 꼬리를 무는 동물들의 관찰 일기. 패턴 학습으로 우리 아이 읽기 자신감을 키워 주세요.

Quick as a Cricket
by Audrey Wood

나는 '~만큼 ~해요'. 이 책을 읽는 동안 우리 아이는 달팽이만큼 느려졌다가 귀뚜라미만큼 빨라져요. 패턴과 이야기의 반복으로 우리 아이들의 읽기를 신나게 만들어 주는 또 다른 책.

Don't Forget the Bacon!
by Pat Hutchins

다 잊어도 되지만, 이거 하나 기억하자고요. "Don't forget the bacon!"

저절로 터지는
영어 말하기

엄마들은 내 아이가 처음 말을 할 때를 기억한다.

"엄마라고 했어!" 옹알이만 듣고도 이렇게 좋아하는 순간
이 있다. 내 아이가 처음 입에서 '말 같은 소리'를 하고 나면
엄마들은 그때부터 더욱 열정적이 된다.

"엄마, 밥 주세요. 밥 주세요. 밥 주세요." "엄마, 물 주세
요. 물 주세요. 따라 해 봐, 물 주세요."

아이가 잘 따라 할 때까지 수백 번, 아닌 수만 번이라도 반
복하겠다는 각오다. 아이가 어눌하지만 제법 비슷하게 따라

하면 세상을 다 얻은 것 같다. 엄마들 입에서 영재 소리가 절로 난다. 나 역시도 *Ryan*이 어렸을 때 하루에 한 단어만 익혀도 기쁨 그 자체였다. 실제 상황에서 스스로 그 표현을 썼을 때는 '우리 아이 영재설'이 나의 얘기라고 확신했다.

아이들이 한 문장을 제법 자연스럽게 말하면 엄마들은 새로운 단어를 가르친다. 그리고 중요 단어만 새로운 어휘로 바꾼 문장을 수천 번쯤 반복한다.

"엄마, 우리 놀이터 가요. 자, 따라해 보자. 엄마, 놀이터 가요. 엄마, 마트 가요, 마트, 마트! 마트 가요. 따라해 봐. 엄마, 할머니 댁 가요. 할머니 댁, 할~머~니~댁~"

모어는 이렇게 일상생활에서 듣고 말하기가 가능하다. 가랑비에 옷깃이 젖듯 어느 틈엔가 쌓이고 쌓인다. 특히 같은 문장을 반복하면서 주요 어휘만 바꿔서 말하는 패턴 습득은 말하기에 있어 좋은 방법이다. 한국어는 이렇게 큰 힘 들이지 않아도 습득이 된다.

그렇다면 영어도 가능할까? 가능하다. 걱정하지 말자. 패턴 문장 반복이 있는 영어 그림책이 많다. 꼭 학습을 위해 전문적으로 만든 읽기 교재와 씨름할 필요가 없다. 반복 문구가 들어 있는 그림책을 잘 활용하면 영어 말하기와 그림책의 선한 영향력을 함께 습득할 수 있다.

*The Chick and the Duckling*은 새끼 오리를 따라 하는 병아리 이야기다.

"*A Duckling came out of the shell. 'I am out!' he said.*"

새끼 오리가 알을 깨고 나온다. 병아리도 알을 깨고 나오면서 말한다.

"*'Me too', said the Chick.*"

새끼 오리가 산책을 하면서 "*I am taking a walk*"이라고 하자 병아리는 "*Me too*" 하면서 따라 간다.

그 후에도 계속 병아리는 새끼 오리의 행동을 따라 하면서 "*Me too*" 하고 외친다.

새끼 오리가 지렁이를 먹기 위해 땅을 파도 "*Me too*"라며 따라 하고 벌레를 찾았다고 좋아해도 "*Me too*" 한다. 새끼 오리가 나비를 잡았다고 말하자 "*Me too*"라고 하면서 또 따라 한다.

이쯤 되면 책을 읽던 아이들이 병아리를 보고 '따라쟁이'라고 놀리기 일쑤.

새끼 오리를 졸졸 쫓아 다니던 병아리는 결국 수영하러 들어가는 새끼 오리를 따라 연못에까지 들어간다. 수영도 못하면서 겁도 없는 병아리는 이 말은 꼭 한다.

"*Me too.*"

"*I am swimming.*" 수영을 잘하는 새끼 오리.

병아리는 퍼드덕, 첨버덩 위기일발이다. 그래도 끝까지 잊지 않은 말 "*Me too!*" 이때는 "*said the Chick*"이라는 문구가 "*cried the Chick*"으로 바뀐 것도 재미있다.

결국 병아리는 물에 빠지고 새끼 오리가 병아리를 구해 준다. 새끼 오리는 유유자적하게 말한다.

"*I am going for another swim.*"

병아리는 이번에는 다르다.

"*Not me.*"

병아리는 나비를 따라 자기 갈 길을 간다.

그림책은 노란색의 두 친구가 아장아장 걷는 느낌을 그대로 표현했다. 앙증맞고 산뜻하다. 절로 미소가 지어진다. 새끼 오리를 무조건 따라 하는 병아리의 순진하고 당돌한 느낌이 그대로 전해진다.

이 책을 잊을 만할 때였다. 어느 날 *Ryan*과 집 앞 놀이터에 갔다 온 날이었다. 꽤 더웠던 그날, 나는 집으로 들어오자마자 "아이구 목 말라" 하면서 물을 벌컥벌컥 마셨다. 한참 마시다 뭔가 불편한 시선이 느껴져 아래를 내려다봤더니 *Ryan*이 내심 서운한 듯이 나를 흘겨보고 있었다. 그리고 외친 한마디는 바로 "*Me too!*"

*Said*가 아닌 *cried*에 가까운 *Ryan*의 "*Me too*"는 내 귓가에서 불꽃놀이 폭죽 터지듯 펑 터졌다. 미안하기보다는 신이 먼저 났다. 물 줄 생각은 하지도 않고 폭풍칭찬을 했다.

"아이고, 우리 *Ryan*이 그림책에서 본 말을 이렇게 잘 써먹는구나. 완전 최고네!"

*Ryan*은 그런 내 마음도 모르고 거의 울다시피하며 다시 외쳤다.

"엄마, *Me too* 몰라? 나도 목 마르다고!"

엄마들은 작은 것에 기뻐하고 작은 것에 감사한다. 하지만 우리 아이들이 크는 모습을 생각하면 그것은 결코 작은 것이 아니리라.

우리 아이들의 성장을 도와주는 또 하나의 책. 그림도 내용도 아름다운 에릭 칼의 *From Head to Toe* 는 동물들의 행동을 따라 할 수 있다고 자신하는 아이들의 이야기다.

펭귄이 말한다.

"*I am a penguin and I turn my head. Can you do it?*"

아이는 그림책의 행동을 따라 하며 답한다.

"*I can do it!*"

기린이 물어본다.

"*I am a giraffe and I bend my neck. Can you do it?*"

아이는 대답한다.

"*I can do it!*"

아이들은 책 한 권 읽고 나면 "*Can you do it?*"과 "*I can do it*"을 뚝딱 암기한다. 엄마들은 아무 때나 이 표현을 활용할 수 있다. 예를 들어 아침에 이를 닦으러 가는 아이에게 영어로 "*Can you do it?*"이라고 물어본다. 그럼 아이들은 신기하게도 영어로 대답한다. "*I can do it!*"

아이들과 함께 영어를 익히기 좋은 또 다른 책, *Is It Time?* 의 그림은 은은한 파스텔 톤이다. 귀여운 강아지가 나오는 책이니 아이들은 금방 흥미를 느낀다. 시계를 보는 엄마 개에게 강아지가 물어본다.

"*Is it time to run the tub?*"

그럼 엄마 개가 말한다.

"*Yes, it's time to run the tub.*"

강아지가 '*Is it time to~?*' 패턴으로 계속 물어본다. 엄마는 같은 패턴으로 계속 대답을 한다. '*Yes, it's time to~*'

계속되는 같은 패턴의 질문과 대답은 아이들에게 소리 내어 표현해 보고 싶은 욕심을 불러일으킨다. 이때 엄마가 먼저 운을 띄워 보자.

"*It's time to have dinner, have dinner, it's time to have dinner.*"

다시 엄마가 묻는다. "*Is it time to have dinner?*"

자연스럽게 아이가 따라 하도록 유도한다. 그리고 맛있는 저녁을 먹으면 상황 종료. 아이는 그림책에서 배운 표현을 실생활에서 활용할 수 있다는 사실에 스스로가 자랑스럽다.

*We're Going on a Bear Hunt*는 내가 정말 좋아하는 그림 책이다. 이 작품을 쓴 영국 시인 마이클 로젠은 아동 문학 분야에 중요한 기여를 한 작가에게 주어지는 계관작가 칭호를 받았다. 반복되는 표현들이 짧지는 않지만 운율을 살려 금방 따라 할 수 있다. 시인의 감수성이다.

그림책은 아빠, 엄마, 아이들 셋 그리고 반려견 한 마리가 곰 사냥을 떠나는 것에서 시작한다.

"*We're going on a bear hunt. We're going to catch a big one. What a beautiful day! We're not scared.*"

그까짓 것 하나도 무섭지 않다고 호언장담을 하며 당당하게 출발한다. 그런데 처음부터 난관에 부딪힌다. 풀 숲을 지나야 하니 말이다. 가족들은 외친다.

"*Uh-uh! Grass! Long wavy grass. We can't go over it. We can't go under it. Oh no! We've got to go through it!*"

가족은 용감하게 풀 숲을 통과한다.

"*Swishy swashy! Swishy swashy! Swishy swashy!*"

출발부터 아가를 목말 태운 아빠가 좀 안쓰러워 보인다. 그래도 미소를 잃지 않는 아빠.

"*We're going on a bear hunt. We're going to catch a big one. What a beautiful day! We're not scared.*"

다음에는 강을 만난다. 가족들은 또 말한다.

"*Uh-uh! A river! A deep cold river. We can't go over it. We can't go under it. Oh no! We've got to go through it!*"

길지만 반복되는 문구들을 박자까지 맞춰 가며 읽어 주면 아이들은 고개를 까닥까닥한다.

강을 지날 땐 어떤 소리가 날까? "*Splash splosh!*"

가족은 진흙탕, 숲, 눈보라까지 잘 헤쳐서 결국 동굴에 도착한다. 어려운 곳을 지날 때마다 똑같이 반복되는 표현들!

그리고 의성어들!

"*Squelch squerch! Stumble trip! Hoooo woooo!*"

한국말로 뜻풀이를 해주며 같이 표현해 보자. 아이들은 온 마음으로 느끼고 온몸으로 표현한다.

"철벅 철벅! 바스락, 부시럭! 휭 휘잉!"

결국 동굴까지 다다른 가족들은 *"Tiptoe! Tiptoe!"* 동굴을 살펴본다. 그리고! *"IT'S A BEAR!!!"*

하나도 무섭지 않다고 자신만만하던 가족은 어디로 갔을까? 가족들은 왔던 길을 되돌아서 정신 없이 도망친다.

다시 동굴을 지나서 다시 눈보라를 뚫고 다시 어두운 숲을 통과하고 진흙을 지나 강을 건너고 풀숲을 헤쳐! 간신히 집에 도착해서 안전하게 문을 잠근다. 가족들이 헐레벌떡 뛰어 들어가는 곳은 바로 침대 이불 속. 가족들은 이불 밑으로 기어 들어가 외친다.

"We're not going on a bear hunt again."

아이들은 책을 읽어 줄 때마다 큰 소리로 의성어를 따라 한다. 거기서 끝일까? 쉽고 재밌는 표현일수록 아이들은 절대 잊지 않는다.

*Ryan*은 목욕할 때 장난감을 첨벙거리면서 말하곤 했다.

"Swishy swashy! Swishy swashy! Swishy swashy!"

마지막 장면에서는 아이와 같이 이불을 뒤집어써 보자. 아이의 겨드랑이를 간질이자. 서로 깔깔대고 웃다 보면 우리 아이 행복 지수가 팍팍 올라간다. 그런 아이의 모습을 본 엄마들의 행복 지수도 하늘로 *WHOOSH*!!!

반복 구문으로 영어가 쉬워지는 책들

The Chick and the Duckling
by Mirra Ginsburg

우리 아이가 "Me too"를 말하게 한 고마운 책이에요. 주인공 병아리처럼 남들 영어만 따라하던 우리 아이가 영어 홀로서기에 성공하는 그날까지!

From Head to Toe
by Eric Carle

우리 몸을 배우는 데 이보다 더 귀엽고 효과적인 책이 있을까요? "머리 어깨 무릎 발 무릎 발 ♬" 우리 몸의 부위별 명칭과 함께 움직임까지 몸으로 따라 하면서 익혀 보세요.

Is It Time?
by Marilyn Janovitz

우리 아이 뒤를 졸졸 따라다니며 하루 일과를 챙기는 건 전세계 엄마들의 공통점인 모양입니다. 묻고 답하기를 반복하다보면 영어 말하기도 식은 죽 먹기랍니다.

We're Going on a Bear Hunt
by Helen Oxenbury

안 무섭다며 큰 소리 쳤지만 아주 작은 소리에도 흠칫하는 건 왜일까요? 온 가족이 함께 읽으면 의성어 실력이 Whoosh!

문법도
감각이다

우리 세대는 중학교 입학과 동시에 영어를 배우기 시작했다. 철저하게 문법위주의 주입식 교육을 받았는데 그중에서도 정말 외워지지 않던 문법이 있다. 바로 가정법.

If 더하기 주어 더하기 동사의 과거형, 그러고 나서 주어 더하기 *would, could, should, might* 더하기 동사원형… 그리고 가정법 과거완료는….

이건 현재에 이루어지지 않은 소망이나 생각을 말할 때 쓰는 거라고? 현재 사실의 반대라고? 나는 아마 가정법이라는 말 자체가 이해되지 않았던 모양이다. 그러니 외워지지가 않았지.

영어 그림책을 많이 읽고 자란 우리 아이는 나와 다르다. *Ryan*이 중학교에 들어가면서 영어는 정말 쉬운 과목이 되었다.

"엄마, 중학교 영어는 내가 엄마와 읽었던 그림책에 다 있는 것들이더라. 그래서 이해도 잘되고, 따로 힘들게 암기하지 않아도 돼."

이 이야기를 듣는 순간, '에고, 나도 영어 그림책을 많이 읽었으면 가정법이 날 그렇게 괴롭히지 않았을 텐데'하는 아쉬움이 들었다. 하지만 어쩌랴. 영어 그림책은 고사하고 한국 그림책도 맘대로 읽을 수 없는 시절이었으니.

영어 그림책 *If the dinosaurs came back*은 그야말로 가정법의 향연이다. 바탕색이 칠해져 있지 않은 대신 등장하는 공룡들이 화려한 원색을 자랑한다. 그림책을 읽는 내내 눈이 즐겁다.

첫 장은 "*I like dinosaurs. I think about them all the time. I read about them. I talk about them. Oh, how I wish the dinosaurs could come back!*"이라고 시작한다.

그 다음 장부터는 가정법 과거 문장의 반복이다.

"*If the dinosaurs came back, they could carry people to work and back.*"

"*If the dinosaurs came back, we wouldn't need any more lawn mowers.*"

또는 "*If the dinosaurs came back, they would scare away robbers.*"

이렇게 비슷한 패턴이 반복되면서 아이들은 자연스럽게 가정법 문장을 습득한다. 공룡들이 다시 온다면 할 수 있는 일들이 정말 기발하고 재미있다. 아이들과 새로운 아이디어를 이야기해 보는 것도 이 책의 묘미다.

마지막에 사람들은 공룡들을 반려동물처럼 키우고 데리고 다닐 수도 있을 것이라고 말한다.

뒤표지 안쪽에 쓰여진 후기를 읽어 보면 작은 감동이 인다. 작가는 묻는다.

"공룡이 다시 돌아온다면 마을을 짓밟고 자동차를 박살 내고 사람들을 아스파라거스처럼 으깨지 않을까?"

그러나 공룡을 키우고 싶어하는 소년은 "*No!*"라고 분명히 말한다. 공룡은 우리를 위협하는 생명체가 아닌 우리 인간들의 친구가 되어 사이 좋게 살아간다. 사람들을 도와 빌

딩의 불도 끄고 바닷가의 사람들도 실어나르고 나뭇가지에 걸린 연도 꺼내 주는 착한 공룡이다.

삶에 찌든 어른들의 시선이 아닌 아이들의 시선으로 바라보는 공룡들. 공룡조차도 인간과 사이 좋게 지낼 수 있을 거라 확신하는 아이들. 이런 아름다운 동심에 우리는 또 한 번 반성의 일기를 쓰게 된다.

한 권으로 감동과 가정법을 한꺼번에 선물하는 영어 그림책. 내 눈은 절로 하트모양이 된다.

가정법 이야기를 좀 더 해보자면 *I wish* 가정법도 만만찮다. 맥락은 같지만 미묘한 뉘앙스가 달라서 학습으로는 쓰임새를 완성하기 어렵다. 암기해서 시험을 잘 볼 수는 있지만 생활 속의 적절한 상황에 쓰기는 쉽지 않다는 말이다.

*I Wish I Were Big*은 작은 아가 곰이 자신의 정체성을 파악해 가는 내용의 그림책으로 *I wish* 가정법뿐만 아니라 나라는 존재를 고민하게 해준다. 아가 곰은 여러 동물들과 자신을 비교하지만 자신의 모습 그대로가 제일 멋지고 사랑스러운 존재라는 사실을 깨닫는다.

그림책은 작은 아가 곰이 배가 고픈데 높이 열린 과일 열매를 따 먹지 못하면서 시작한다. 어디선가 쥐가 나타나더니 아가 곰을 위해 열매를 따 준다. 아가 곰은 말한다.

"*I wish I were as big as a mouse.*"

갑자기 고양이가 나타나서 쥐가 도망간다. 아가 곰은 생각한다.

"*Well... maybe not!*"

그리고 부러워한다.

"*Wow! I could never climb that high. I wish I were as big as a cat.*"

그 후로 계속 점점 더 큰 동물들이 나타나고 아가 곰은 그 동물들과 자신을 비교하면서 부러워한다.

고양이, 개, 말, 코끼리. 반전은 마지막에 있다. 코끼리가 쥐 때문에 놀라는 모습을 본 아가 곰은 이렇게 느낀다.

"*I'm glad I'm small.*"

I wish 가정법만이 아니라 나만의 개성을 되돌아 볼 수 있는 소중한 그림책이다. 아이는 다른 친구들에 비해 작은 키 때문에 속상해 하기 보다는 작기 때문에 좋은 점을 찾으려고 한다.

"우리 딸은 키가 작아 걱정인데 넌 커서 좋겠다."

키가 큰 내 친구들을 보면 항상 이렇게 말씀하시던 엄마 생각이 난다. 그래서인지 난 지금도 작은 키에 대한 열등감이 있다. 에이, 우리엄마도 참, 어린 시절에 *I Wish I Were Big* 같은 그림책을 좀 읽어 주시지.

문법에 관한 영어 그림책을 하나 더 이야기하자면, *Have You Seen My Cat?*이 떠오른다. 이리 뜯어보고, 저리 뜯어보고, 글도 읽고, 그림도 보고, 색깔도 느껴보고. 어디 하나 버릴 곳이 없는 보물 같은 그림책이다.

한 남자 아이가 지나가는 신사에게 묻는다.

"Have you seen my cat?"

책장을 넘기면 우리 안에 사자가 보인다.

아이가 말한다.

"This is not my cat!"

아이는 지나가는 카우보이에게 물어보지만 카우보이는 살쾡이를 가리킨다. 아이는 다시 당나귀를 탄 사람에게 묻지만 그 사람은 퓨마를 보여 줄 뿐이다.

계속해서 아이는 인디언에게, 아프리카 여인들에게, 낙타와 함께 있는 아랍 옷을 입은 사람에게 그리고 하얀 소가 끄는 수레를 탄 남자에게 묻는다.

"Have you seen my cat?"

그러나 사람들이 가리키는 동물들은 재규어, 검은 표범,

치타 그리고 호랑이. 아이는 계속 "*This is not my cat!*"이라고 한다.

한 번 더 힘을 내어 양탄자에 올라가 있는 사람들에게 물어보지만 페르시아 고양이만을 가리킬 뿐이다. 자신의 고양이를 찾아 헤매던 소년은 낯익은 풍경의 공원 벤치에 다다른다. 그리고 유모차와 함께 있는 한 부부에게 물어본다.

그 부부가 가리키는 곳에 소년의 고양이가 있다!

"*This is my cat!*"

이 책의 흐름을 쫓다 보면 책에 나오는 동물이 모두 고양잇과에 속하는 동물이라는 사실을 발견할 수 있다. 아이와 함께 백과 사전에서 고양잇과 동물을 찾아 보며 영어의 부담을 덜고 즐거운 추억을 쌓을 수 있다.

또 하나, 소년이 만난 사람들의 의상과 사람들이 가리키는 동물들의 서식지를 자세히 살펴 보자. 뭔가 일치하는 듯하다. 재미있는 비밀이 숨겨져 있을 것만 같다. 아이와 함께 그 비밀을 풀 시간을 갖게 하는 배려심, 이 그림책의 훌륭한 매력이다.

아이들은 이 그림책을 보면서 *Did you see my cat?*과 *Have you seen my cat?*의 미묘한 뉘앙스 차이를 온몸으로 받아들인다. 머리가 아닌 모든 감각을 통해 자연스럽게.

딱딱한 영문법도 걱정 없는 책들 🐱

If the Dinosaurs Came Back
by Bernard Most

만약 공룡이 살아 돌아온다면? 귀엽고 엉뚱한 상상의 세계에선 가정법 정복도 문제 없어요!.

I Wish I Were Big
by Peter Bowman

노랗고 복실복실한 귀여운 아가 곰이 있어요. 아가 곰이 코끼리만큼 커지면 만족할 수 있을까요? 있는 그대로의 내 모습을 사랑하는 법을 알려 주는 책이랍니다.

Have You Seen My Cat?
by Eric Carle

아이가 애타게 찾는 고양이는 어디에 있을까요? 고양이 찾다가 잃어버린 시제 감각까지 찾게 되는 놀라운 그림책.

3부

아이와 친해지는 대본 놀이

전체 암기,
할 수 있다!

암기.

어렵다. 나이를 먹고 생각할 것이 많아진 탓일까? 아니 그게 아니다. 이제 늙는 것이다. 뇌도 늙는다. 언젠가부터 외우는 것이 부쩍 힘들다. 돌아서면 잊는다. 열 번을 해도 가물가물하다.

원래부터 그런 것은 아니다. 40대 초반만 해도 오기로 버티던 시절, 교수들 앞에서 다국적 학생들을 가르쳐야 했던 그때, 눈물로 대본을 쓰고 절명의 마음으로 대사를 외웠다.

새벽녘 밝아 오는 여명을 보며 이를 악물었던 것 같다.

"내가 오늘도 교수한테 욕을 먹으면 이 짓을 때려 치운다!"

참으로 신기한 일은, 퇴학이라는 절벽까지 다가서 보니 그 긴 대사가 자연스럽게 나오더라는 것이다.

"오늘까지 수업을 망치면 저 놈의 교수가 날 절벽으로 확 밀쳐 버릴 거야."

공포는 내게 신기한 힘을 주었다.

연극배우가 대사 하나 틀리지 않고 무대를 완성하듯 난 수업 시간 내내 무대를 활보하는 주인공이었다. 가끔 대본을 적어 놓은 종이를 힐끔거리긴 했지만 말이다.

절실하면 통한다. 나는 유학시절 그 말을 온몸으로 이해했다. 짧은 유학 동안 배우고 싶은 것 그리고 배울 수 있는 것은 모두 다 내 안에 털어 넣고 싶었다. 평소의 나라면 불가능했을 것이다. 내가 그런 걸 해냈다고? 그럼 이 세상의 모든 엄마들이 다 한다. 절실한 마음만 있으면 가능하다.

대본을 전체 암기한 수업과 즉석에서 진행하는 수업에는 큰 차이가 하나 있다. 아이의 마음가짐이 달라진다. 보통 내 아이를 집에서 직접 가르치고자 하는 엄마가 제일 먼저 하는 일은 시간표를 짜는 것이다. 무슨 요일 몇 시에, 또는 아이가 유치원에서 돌아온 후에, 이런 식으로 계획을 세우고 그 시간을 지키려고 노력한다. 하지만 아이는 아직 개념이 없다. 엄마이기에 더 자유롭다. 놀고 싶으면 놀고 그림책 읽고 싶으면 읽고. 이때 엄마의 완벽한 영어 대본 암기는 아이에게 '낯설게 하기'를 가능하게 한다. 엄마와의 일상을 끊고 영어 환경으로 들어가는 마법의 문 역할을 해 준다. 아이는 엄마가 영어로 이야기를 시작하는 순간 느낀다.

"아! 지금부터는 영어 그림책을 읽는 시간이구나."

아이뿐만이 아니라 엄마도 마음가짐이 달라진다. 영어로 수업을 시작하는 순간, 나는 이미 엄마가 아니라 마미쌤의 모습으로 아이 앞에 서는 것이다.

그럼 어떻게 외우는 게 좋을까?

대학교 시절 같은 과 친구는 나를 괴롭히는 방법으로 암기를 했다. 괴롭히는 방법? 공강시간마다 나를 붙잡고 강의를 한 것이다.

"난 또 공부하기 싫다고!"

"한 번만 들어 줘라~ 너도 암기되고 나도 암기되고 둘 다 좋은 거잖아. 내가 아이스크림 사줄게."

아이스크림에 넘어간 것은 아니다. 나도 공부가 되니까. 공강시간마다 나를 붙들고 강의를 하던 그 친구는 4년 내내

장학금 받으며 학교를 다녔다. 나는 4년 내내 등록금 내면서 다녔다.

어쨌든! 자신에게 맞는 방법을 찾아 암기하면 된다. 나는 학부 전공을 살려 연극 이미지를 활용한 암기 방법을 개발했다.

일단 하고 싶은 수업의 대본을 고르고 모르는 단어, 생소한 회화 표현들, 그리고 발음이 애매한 단어들을 꼼꼼하게 공부한다.

영어에 대한 기초가 전혀 없다면 중학교 문법책을 한 번 훑어 보는 것도 좋다. 그러나 영어에 대한 기초가 없다고 시작하지 못하는 것은 아니다. 단어의 뜻을 알고 발음할 수 있다면 충분하다. 발음이 어렵다고? 인터넷이나 휴대폰 영어 사전은 발음 음성 지원도 한다. 얼마나 편리한 세상인지!

다음 단계는 순서대로 번호를 적은 작은 메모지에 열 문장씩 옮겨 적는다. 이제 연극 연출가가 무대 위에서 세트를 배열하고 배우들의 위치를 잡는 것처럼 1번 메모지에 있는 열 문장에 해당하는 장면을 머릿속으로 그린다.

나는 거실에서 할 거니까, 거실 가운데 책상을 놓고… 우리 아이는 이쪽 나는 저쪽… 그리고 처음에 인사를 하는 장면은….

구체적으로 머릿속에 그림을 그린다.

그 후 머릿속에서 수업 장면을 상상하면서 대사를 하나씩 암기한다. 어느 정도 암기가 됐다고 생각이 들면 2번 메모지에 있는 열 문장도 같은 방법으로 암기한다. 2번 메모지에 있는 문장을 암기했다면 1번과 2번 메모지에 있는 문장들을 연결해서 암기해 본다.

이때 중요한 것은 머릿속에서 하는 시뮬레이션이다. 아주 선명하게 그리고 세밀하게 상상해야 한다. 가끔 대본에 없는 상황이 발생하는 시뮬레이션도 해 본다.

내가 *What animal is this?* 하고 물어봤는데, *Ryan*이 재미없어!라고 하면 어떻게 할까? (실제로 이런 경험이 있다.)

그럼 이렇게 말해야지. "*Uh-oh! It's not* 재미없어. *It is a lion.* 이상하다! '재미없어'라는 동물은 없는데? *Ryan*, 너 '재미없어'라는 동물 본 적 있어?"

다양한 기지를 발휘해 난처한 상황을 자연스럽게 넘어갈 수 있다. 엄마의 반응이 아이가 그림책을 계속 볼 것인지 말 것인지를 결정한다. 엄마의 유연한 대처가 필요하다.

다음 단계는 똑같다. 1번과 2번 메모지의 문장 암기가 끝났다면 3번 메모지의 문장을 암기한다. 3번 메모지의 문장을 모두 암기하면 1번 메모지의 문장부터 죽 연결해서 암기하는 것을 잊으면 안 된다.

힘들 것 같다고? 그럴 수도, 그렇지 않을 수도 있다. 해 보지도 않고 어떻게 알까? 지레 겁 먹고 포기하는 것은 금물!

어떻게 낳은 아이이고 얼마나 사랑하는지를 생각하면, 그리고 우리 아이가 얼마나 신나게 영어를 습득할지에 대해 상상하면, 이까짓 암기쯤이야!

'엄마'의 또다른 이름은 '자식에 관한 불가능은 없다'쯤 될 것이다.

엄마랑 노는 게
제일 좋아

아이를 영어 유치원에 보내던 친구가 내게 말했다.

"영어 유치원에 1년을 넘게 보냈는데도 외국인 앞에서 헬로우 하고 말던데? 들인 돈이 얼만데."

친구는 급기야 아이의 언어능력까지 의심하기에 이르렀다.

"아이고 친구야! 그건 네가 몰라서 그렇단다."

*Ryan*이 유치원을 다니던 시절에는 영어 유치원이 선풍적

인 인기를 끌었다. 여유 있는 집에서는 너나 할 것 없이 영어 유치원을 보냈다. 영어 유치원이 부담된다면 원어민이 방과 후 특강을 해주는 유치원에라도 보냈다.

문법적인 부분이야 따로 공부해야겠지만 적어도 회화만 큼은 원어민과의 대화로 자연스럽게 익히게 하고 싶었기 때문이다. 원어민과 수업을 오래 하면 회화가 자동적으로 된다 생각한 무지 탓이다.

'수업 영어'라는 것이 있다. '교실 영어'라고도 한다.
선생님들은 으레 이런 말로 수업을 시작한다.

"What's the date today?"

"What day is it today?"

"How is the weather?"

"Let's go over the last lesson."

"Open your books."

아이들 질문 정도는 대답할 영어 실력이 되야 하는 건 당연하지만, 수업 시간에 해야 할 말이 어느 정도 정해져 있다. 한국인 영어 선생님들은 기본적으로 이 매뉴얼을 외워서 수업을 진행한다.

원어민들이야 굳이 외우지 않아도 되지만 그렇다고 수업

시간에 하는 말이 달라지는 건 아니다. 진도 나가기에도 빠듯한 수업 시간에 아이들과 자유롭게 대화할 일이 생각처럼 많지 않다.

수업 중에 쓰는 영어 표현이 한정되어 있다는 사실을 반대로 생각해 보면 몇 문장만 외워도 영어 수업이 가능하다는 뜻이다. 그렇다면 마미쌤들은? 당연히 마찬가지다.

한 차시 수업의 대본을 다 외우기가 힘들다면 중요한 교실 영어 정도만 암기해도 된다. 일단 대본을 읽으며 전체적인 흐름을 인지하고 수업 시간마다 쓰는 공통 표현을 형광펜으로 표시해 둔다.

예를 들어 요일 파트의 두 번째 수업에서는 이 부분이 좋다. 수업 시작할 때 시작 신호처럼 쓰일 수 있다.

"Do you want me to read a book for you?"

"Come closer and sit next to me."

책을 읽을 때마다 항상 제목을 물어봐야 하기 때문에 이 부분도 좋다.

"Look at this book. What can you see on the cover?"

"The title of the book is..."

전체 암기가 여러 가지 이유로 버겁다면 처음에는 무리하지 말자. 이렇게 중요 문장만 외워서 아이와 책을 읽기 시작해도 충분하다. 수업을 하다 보면 점점 말문이 트이는 우리 아이 모습에 흥이 나 누가 시키지 않아도 공부하게 된다.

그 다음에 해야 할 일은 큰 도화지를 준비하는 것이다. 큰 도화지 위에 대본을 전부 쓰되 암기한 중요 문장은 네모상자나 괄호를 이용하여 빈칸 처리 해둔다. 대본이 적혀 있는 큰 도화지를 아이와 수업 하는 곳 벽에 붙인다. 엄마한테 잘 보이게 붙여 둔다.

아이와 수업을 하면서 암기하지 못한 곳은 도화지의 대본을 보고 읽는다. 암기한 중요 문장, 즉 빈칸 처리한 문장은 스스로 해본다. 이렇게 수업을 꾸준히 하면 빈칸 처리된 곳이 점점 많아질 텐데, 이건 엄마가 느낄 수 있는 또 다른 기쁨이다.

나 역시 *Ryan*을 가르치기 전까지는 학창 시절을 제외하고 영어를 제대로 공부해 본 적이 없었다. 유학에 대학원까지 다녀와서인지 남들은 내가 어릴 때부터 공부깨나 한 줄 알지만 고등학교 때까지 나는 공부를 잘하는 아이가 아니었다. 학교를 졸업한 후 결혼하고 아이를 낳을 때까지도 이렇다 할 공부가 필요할 거라 생각 못했다. 그렇게 영어와 담 쌓고 살던 나는 *Ryan*이 백일 무렵 다시 영어책을 펼쳤다. 아이에게 영어 그림책을 읽어 주고 싶었다.

그런 내 바람이 무색하게도 아이와 정답게 소파에 앉아서 영어 그림책을 읽어 주는 상상은 와장창 깨져 버렸다. 그래도 이십 년 가까이 영어를 공부했는데 아기들의 영어 그림책에 나오는 어휘가 생소했고, 고등학교 이후로 들여다본 적 없는 영문법도 가물가물했다. 정답게는커녕 이런 실력으로는 아이가 물어볼 때 대답이나 제대로 할 수 있을까? 참으로 심산했다.

"엄마, 유모차를 영어로 뭐라고 해?"

"음… 그게… 음…"

고개가 저절로 흔들린다. 두 눈을 질끈 감는다. 어찌해야 하나. 방법은 둘 중 하나, 포기하거나 공부하거나!

설상가상으로 *Ryan*을 낳았을 때는 고등학교 졸업한지도 오래인지라 영어를 배운 적이 있었는지도 까마득했다. 이왕 이렇게 된 거 기본부터 탄탄히 하고 싶었다. 난 중학교 영어 교과서를 집어 들었다. 중학교 영문법만 잘해도 충분하다는 말을 신념으로 받아들였다. 맞는 말이다. 내 아이 영어를 가르치기에 중학교 교과서는 손색이 없다.

영어에 자신 있는 사람들에게도 유아 영어는 또 다른 맥락이다. 끊임 없이 사전 찾아 가며 공부해야 한다. 아이를 처음 가르치는 엄마들은 더 막막하다. 어디서부터 시작해서 어떻게 아이와 책상에 앉을지조차 깜깜하다. 출발점이 어디든 유아 영어에 꼭 필요한 기본 문법을 탄탄히 익혀 놓으면 훨씬 가뿐하게 시작할 수 있다.

내 아이 영어를 책임지겠다는 마음을 다졌다면 우선 뒤에 나올 대본을 차근차근 읽어 보자. 그러다 모르는 어휘가 나오면 밑줄을 그어 놓고 사전을 찾는다.

만들기 부분은 아이와 수업하기 전에 연습 삼아 한 번 만들어 봐야 한다. 글로 이해하는 것과 직접 해 보는 것은 또 다르다. 아이 앞에서 당황하기보다는 미리 연습해 보는 것이 좋다.

그림책과 놀이 재료가 준비되면 수업을 시작하자. 아이를 엄마 가까이 앉히고 그림책에 흥미를 느낄 수 있도록 책 표지에 관해 몇 가지 물어본다.

대본의 주요 문장 몇 개라도 외울 수 있다면 좋지만 그것도 힘들다면 어휘만이라도 공략하자. 그림책에 나오는 표현 중 중요 어휘를 형광펜으로 표시해 놓으면 된다.

예를 들어 *Today is Monday*에서 요일 이름만은 꼭 가르치겠다고 마음 먹었다면 다음과 같이 표시해 둔다.

Mom: Ryan, are you bored? Do you want me to read a book for you? Come closer and sit next to me. Look at this book. What can you see on the cover?

Ryan: A cat.

Mom: Yes, it is a cat. The cat has a knife and a fork. There is a spoon, too. The title of the book is "Today is Monday." Ryan, what day is it today? It's Thursday. You can put the Thursday card on the calendar we made last class.

Ryan: OK.

Mom: Look at the book again. What does the cat want to eat? Does the cat want to eat spaghetti? Pizza? A hamburger? Or fish? OK. Let's turn the page. Oh! There is a porcupine. It has some string beans. Can you find the word 'Monday'?

수업할 때 형광펜으로 표시한 어휘를 뺀 나머지는 한국말로 말해도 된다. 대신 요일을 나타내는 단어는 정확하게 영어로 알려 준다.

"이 책을 보자. 표지에 뭐가 보여? 제목이 보이지? 제목이 뭐야? 그렇지! *Today is Monday*'야. 오늘은 월요일이네."

또는 "이거랑 똑같은 단어를 찾을 수 있겠니? '*Monday*' 이렇게 생긴 단어. 이건 월요일이거든. *Monday!*"

이런 식으로 할 수 있는 것부터 차근차근 시작하면 된다. 내 아이가 그림책 한 권을 읽고 중심 어휘만 인지해도 그것만으로 훌륭한 수업이다. 중심 어휘를 이해하고 외울 수 있게 되면 어휘를 좀 더 확장해서 가르쳐 준다.

자, 이제 준비는 끝났다. 다음에 이어지는 영어 대본을 보고 아이와 놀아 주면 된다. 잊지 말자. 영어 '공부'하는 것이 아니라 아이와 영어 '놀이'를 하는 것이다. 평생 잊을 수 없는 엄마와의 행복한 추억을 쌓는 것이다.

대본 사용법 🖍

🔗 영어 스크립트에 우리 아이 이름을 넣어서 우리 아이만을 위한 대본을 만들어 보세요.

🔗 1부와 2부에 등장한 그림책이 대본에도 나옵니다. 아이에게 영어 그림책 읽어 줄 때마다 어떻게 해야 할지 고민이었다면, 대본을 통해 직접 확인해 보세요.

🔗 그림책 한 권당 두 개의 스크립트가 있습니다. 하나는 책 읽기 전 워밍업으로, 다른 하나는 본격 책읽기에 활용해 보세요.

🔗 대본을 보면 Ryan의 대답이 yes가 많지요? 혹시 우리 아이가 No!라고 말하면 어쩌나 걱정되실 거예요. 그럴 때는 무리해서 수업을 진행하지 마세요. 아이가 싫어하는 이유에 관심을 기울여 주세요.

또 하나, 수업 중에 No라고 하거나 따라 하지 않을 때는 엄마가 아이 대신 신나게 대답해 주면 됩니다. 엄마 혼자서 뭔가 재미있는 것을 하나? 싶을 정도로 신나게 말이에요. 그럼 아이도 '호기심 천국'의 눈빛으로 엄마를 따라 할 거예요.

칙칙폭폭 요일 기차 만들기

📋 **준비물: 달력, 색종이, 끈, 클립, 색연필, 풀, 가위**

오늘은 요일에 대해 배워 볼 거예요. 아이와 직접 요일 기차를 만들며 일곱 가지 요일의 이름과 순서를 익혀 볼까요?

Mom: Today, let's make a calendar. (아이에게 달력을 보여 주며 말해요.) Look at this! What is this?

Ryan: A calendar!

Mom: There are a lot of numbers! How many days are in a week? Let's count them together.

Ryan: One, two, three, four, five, six and seven!

Mom: Yes! There are seven days in a week.

아이가 정답을 맞혔을 때는 아무리 쉬운 질문이어도 최대한
치켜세우며 칭찬해 주세요. 이제 막 영어를 시작한 우리 아이
들에게 'Yes!', 'Great!', 'Well done!' 같은 말은 아무리 남발해
도 지나치지 않답니다.

Mom: What day is the first day of the week?

Ryan: Monday.

Mom: Yes, it is Monday! (달력 위의 화요일을 손으로 짚어 주세요.)
What is the next day? It is Tuesday.

Ryan: Tuesday.

Mom: The next day is Wednesday. And the following day is
Thursday.

Ryan: Wednesday and Thursday.

Mom: Well done. Next is Friday. And then it is Saturday. The
last day is Sunday!

Ryan: Friday, Saturday and Sunday.

이제 직접 만든 색깔 카드를 갖고 놀며 구체적인 요일 이름을
기억할 차례입니다. 우리 아이와 즐거운 만들기를 위해 색종
이, 색연필, 풀, 가위, 그리고 긴 끈을 준비해 주세요.

Mom: Excellent! Now it's time to make a card. What is your
favorite color?

Ryan: Blue!

Mom: (파란색 색종이를 직사각형 모양으로 잘라 주세요.) Now let's write the word 'Monday'. (파란 카드에 Monday라고 써 주세요.) Do you like it?

Ryan: Yes!

Mom: We made a Monday card! What day is next?

Ryan: Tuesday.

Mom: That's right. What color do you want for a Tuesday card?

Ryan: Green.

Mom: OK! I will cut the green paper in the same way. And then I will write the word 'Tuesday' on the card. The next days are Wednesday and Thursday. (수요일 카드와 목요일 카드를 만들어 주세요.)

 아이들을 대상으로 하는 수업은 대체로 같은 패턴을 반복합니다. 엄마표 영어 수업이 가능한 이유죠!

아이가 반복을 통해 수업에 익숙해졌다면 이제 아이 스스로 할 수 있도록 도와줄 차례입니다. '이거 해봐'라고 시키기보다는 '~할 수 있겠어?', '~해볼래?' 같은 말들로 아이가 직접 선택하는 느낌이 들도록 유도해 주세요.

Mom: Ryan, can you choose a color for Wednesday and Thursday?

Ryan: Pink and yellow!

Mom: OK. Write the word 'Wednesday' and 'Thursday'. I will help you. (아이 스스로 써 보도록 응원해 주세요.) Let's make another one.

Ryan: It is Friday!

Mom: That's right. (금요일 카드를 만들어 주세요.) Now there are two days left to make. Saturday and Sunday! Let's make those cards. How do you say 토요일 in English?

Ryan: Saturday.

Mom: Correct! (토요일 카드에 'Saturday'라고 씁니다.) Finally the last one is Sunday. Can you write the word?

Ryan: Yes. (아이가 'Sunday' 단어를 쓸 수 있게 도와주세요.)

Mom: Great! Now, we have seven cards. Do you want to make a train with the cards?

Ryan: What's that?

Mom: (긴 줄에 클립을 이용해 요일 카드를 나란히 걸어 주세요.) Ta-da! It's a train of Monday to Sunday! Ryan, what day is today?

Ryan: It's Wednesday.

맞아요, 지금이 바로 칭찬을 아끼지 말아야 할 순간이에요. 아이들은 금방 배우지만 빨리 까먹기도 한답니다. 매일 아침마다 *"What day is it today?"*라고 물어봐 주세요. 엄마의 부지런함이 우리 아이 영어를 쑥쑥 키워 줄 거예요.

Friday, Fresh Fish!

📖 함께 읽을 책: Today is Monday

오늘 우리 아이와 함께 볼 그림책은 *Today is Monday*예요. 독특한 그림체가 매력적인 에릭 칼의 작품이랍니다. 우리 아이의 요일 익히기를 도와주는 사랑스러운 책이죠.

Mom: Today, we're gonna read this book. (아이에게 책표지를 보여 주세요.) Can you read the title?

Ryan: Today is Monday!

Mom: Good job. Let's turn the page. Oh! There is a porcupine. It has some string beans. Can you find the word 'Monday'?

Ryan: Yes!

Mom: Good! Monday. (책에서 'Monday' 단어를 가리킵니다.) The next animal is a snake! Very long, isn't it? It is eating spaghetti. Where is the word 'Tuesday'?

Ryan: Here! (아이가 책에서 'Tuesday' 단어를 찾도록 도와주세요.)

Mom: Well done! On Tuesday, the snake wants to eat spaghetti.

일곱 마리 동물이 먹는 일곱 가지 음식을 통해 요일 이야기를 반복하는 내용이라는 거 짐작이 가죠? 그림책과 함께라면 반복 학습도 지루하지 않게 할 수 있어요!

Mom: Do you remember what is the next day?

Ryan: It's Wednesday.

Mom: Excellent! Let's turn the page. Wow! It's an elephant! It is eating soup. What sound do you make when you eat soup?

Ryan: Zooooop~!

Mom: Yes. On Wednesday, the elephant eats soup. (페이지를 넘겨 주세요.) What animal is this? It's a cat. It has roast beef. What day is it? It's Thursday. Thursday, roast beef. What day is next?

Ryan: Friday.

Mom: (페이지를 넘깁니다.) OK. It is Friday. The pelican wants to eat a fish on Friday. Ryan, Friday, fresh fish!

Ryan: Friday, fresh fish!

Mom: Good! Let's turn the page. Wow! There is a hungry fox. It is holding a chicken in its mouth. The fox likes chicken. Ryan, don't you like chicken, too?

Ryan: Yes, I like chicken.

Mom: The fox wants to eat chicken on Saturday. So on Saturday, chicken. (페이지를 넘겨 주세요.) The last day is Sunday. What animal is this?

Ryan: Monkey!

Mom: Yes, it's a monkey. It is eating ice cream. It looks delicious. The monkey eats ice cream on Sunday. On Sunday, ice cream.

요일 배우기 대본은 일상 생활에서도 유용하게 활용할 수 있답니다. 예를 들어 간식 먹는 요일이 정해져 있다면 그 요일이 돌아올 때마다 *"On Wednesday, you get cookies."*, *"Saturday, Chocolate!"* 이런 식으로 외치는 거죠. 간식 먹는 즐거움도 더하고 영어 단어도 외울 수 있는 최고의 방법이죠?

Mom: (페이지를 넘겨 주세요.) Look at this parrot. It is colorful. The parrot says "All you hungry children come and eat it up!" Shall we turn the page?

Ryan: Yes!

Mom: Wow! There are children in the picture. And there is a dog. Oh! We can also see a cat. The hungry children are eating food now! Ryan, do you want some snacks, too?

 아이는 분명 좋다고 외칠 거예요. 아이가 좋아하는 간식을 준비하고 동화책 CD를 틀어 주면서 자연스럽게 놀이와 영어에 익숙해지도록 해주세요.

열두 달 그림책 작가 되기

📋 **준비물: 큰 종이, 가위, 스테이플러**

오늘은 달과 계절에 관한 책을 만들어 볼 거예요. 커다란 종이를 12장으로 자르고 왼쪽을 풀로 붙여 주세요. 그 위에 아이가 쓰고 그린 단어와 그림이 더해지면 세상에 하나뿐인 책 완성! (바쁜 마미쌤들은 무선 노트 표지를 찢어서 사용해도 좋아요.)

Mom: Ryan, today we will make a book about months and seasons. Do you want to write the title on your book?

(책표지에 아이 스스로 'Months and Seasons'라고 쓸 수 있도록 도와주세요.)

Mom: (첫 페이지를 넘겨 주세요.) What is the first month of the year? It is January! It is winter. (아이가 'January'와 'Winter' 를 쓸 수 있도록 도와 주세요. 단어를 쓰고나면 겨울과 어울리 는 그림을 그려 보세요.) The next month is February. It's still winter. (마찬가지로 'February'와 'winter'를 쓰고 아이가 원 하는 것을 그려 봅니다.) The next month is March. Which season is March in?

Ryan: It is in spring.

 March와 Spring 부분에는 아이가 들어갈 초등학교를 함께 그 려 보는 것도 좋겠죠?

Mom: April is the next. It is also in spring. What do you want to draw?

Ryan: I want to draw a tree.

Mom: Good. It has the tree-planting day, 식목일. The next month is May. There is Children's Day and Parents' Day in May. May is also in spring.

Ryan: I will draw carnations.

Mom: Wow! That's lovely! The next month is June. It's in summer. Do you like summer?

Ryan: Yes!

Mom: The next month is July. Also summer. Let's write two words. What do you want to draw?

Ryan: The sea!

Mom: Nice! Mommy can't wait for our summer vacation. The next month is August. It is a very hot summer month.

 이번에는 아이 혼자 *Summer* 단어를 쓸 수 있도록 기다려 주세요. 오롯이 혼자 힘으로 해낸 경험은 아이에게 자신감으로 남는답니다.

Mom: Great! Now we're gonna draw and write about fall. There is September, October and November in fall. What do you want to draw?

Ryan: Red and yellow leaves.

Mom: Fall leaves! Good! And the next month is November. It's in fall, too. Can you write 'November' and 'fall'? ('September'와 'Fall'을 쓸 수 있도록 도와 주세요.)

Ryan: Yes.

Mom: The last month is December! It is in winter! It is very very cold. (이번에도 'winter'는 아이 혼자 쓸 수 있도록 격려해 주세요.) What do you want to draw?

Ryan: I want to draw snow.

Mom: Good, you can draw a snowy day! You did it! You made your own book!!

It Is Spring Again!

 함께 읽을 책: The Seasons of Arnold's Apple Tree

오늘 읽을 책은 게일 기번스가 쓴 *The Seasons of Arnold's Apple Tree*예요. 뚜렷한 계절 변화가 돋보이는 책이랍니다. 지난 번에 우리 아이가 직접 만든 책과 비교하며 읽어 보는 것도 재 밌겠죠?

Mom: Ryan, we made a book about months and seasons last time. So today we will read a book about seasons. (먼 저 아이에게 책표지를 보여 주세요.) Look at this! There is an apple tree. Oh! A boy is up the tree and picking an apple. Can you read the title?

Ryan: The Seasons of Arnold's Apple Tree!

Mom: (제목 옆의 상자에 그려진 그림을 가리키며 말해 보아요.) Ryan, look at these pictures. They show us four seasons. Do you remember the four seasons?

Ryan: Yes! Spring, summer, fall and winter!

Mom: Excellent! (다음 페이지의 소년을 가리키며 말해요.) His name is Arnold. This is Arnold's apple tree but there are no apples in the apple tree. (페이지를 넘겨 주세요.) What season is it now?

Ryan: It's spring

Mom: Look at this! There are small buds and bees. Let's turn the page. (오른쪽의 남자와 여자를 가리키며 질문해 볼까요?) Who do you think they are?

Ryan: Arnold's father and mother?

Mom: Yes, I think so, too. Now, next page… it is summer. See? The apple tree has big, green leaves. (페이지를 넘겨 주세요.) The apple tree protects him from the hot summer sun. (다음 페이지의 사과를 보여 주세요.) Ryan, What color is the apple in the right page?

Ryan: Green.

Mom: Yes. It's because they are not ripe yet.

열심히 찾아 보면 계절 변화를 알려 주는 요소들이 곳곳에 숨어 있답니다. 아이가 눈치채지 못한다면 "이 사과는 무슨 색일

까?", "왜 갑자기 눈이 사라졌을까?" 같은 질문으로 호기심의
문을 두드려 주세요.

Mom: On the next page, what season is it?

Ryan: Fall!

Mom: Well done! Ryan, look at these red apples. Arnold can
eat the apples now. (다음 페이지에 무언가 만들고 있는 Arnold
를 보며) What is Arnold going to do with the apples?

Ryan: Make apple juice?

그림책에도 어른들이 읽는 책처럼 분명한 기승전결이 있답니
다. 아이가 처음 보는 영어에 겁먹지 않도록 어휘나 문장보다
는 줄거리에 초점을 맞춰 궁금증을 자극하는 질문을 던져 주
면 좋아요.

Mom: Let's turn the page. Aha! Arnold and his family are
making apple pies and apple cider. (다음 페이지로 넘겨 주
세요.) Ryan. It is Halloween Day! He is dressed up as a
pirate and decorating apples. (다음 페이지로 넘긴 후 계절의
변화에 놀란 표정으로 외쳐 주세요.) Oh! It's winter.

아놀드가 나무에 먹을거리를 매달아 놓은 이유는 무엇일까요?
아이가 곰곰이 생각해 볼 수 있도록 이끌어 주세요. 그림책이
우리에게 주는 건 영어 실력뿐만이 아니랍니다.

Mom: Snow falls. There are no leaves in the tree. Arnold is hanging strings of popcorn and berries on the tree. Then birds can eat them during the winter. Arnold is so sweet, isn't he? (다음 페이지로 넘겨 주세요.) Arnold is building a snow fort and a snowman.

Ryan: Wow!

Mom: Let's turn the page. Oh! The snow is melting away. That's because it's spring again.

 "Do you wanna build a snowman?" 처럼 아이들이 좋아하는 애니메이션 〈겨울왕국〉의 유명한 노래를 아이와 함께 불러 보는 것도 계절을 익히기에 좋은 놀이 중 하나일 거예요.

감정 표현하기 1

변덕쟁이 종이 얼굴 그리기

📋 준비물: 종이, 크레용, 색연필

아이라서 아직 서툰 감정 표현. 어려서부터 엄마와 함께 하나 하나 배워 나간다면, 자라면서 더욱 풍성한 감정을 느낄 수 있 겠죠? 오늘은 표정을 그리면서 감정 공부를 해볼 거예요.

Mom: Ryan, how do you feel today? Are you bored? Are you happy? Mommy's a little bored. Let's do something fun together. I have some faces. But they don't have eyes or mouths. (종이 얼굴을 아이에게 보여 줍니다.) Do you want to help Mommy?

Ryan: Yes.

Mom: The faces need eyes and mouths. Can you draw their eyes and mouths?

Ryan: Yes, I can.

Mom: OK. Here are some crayons and colored pencils. You can choose whatever colors you want.

Ryan: Black and red.

Mom: Aha! Black for the eyes, red for the mouths? That's very good. First I will give you one face. Listen carefully, Ryan. This face says "I feel bored".

Ryan: Bored?

Mom: Yes, I am bored. You are bored when there is nothing fun to do. Look at me, Ryan. (지루한 표정을 지어 주세요. 우리말로 "엄마 너무 지루해"라고 말해 주는 것도 괜찮아요.)

Ryan: I see.

Mom: (아이에게 새로운 종이 얼굴을 건네주세요.) Next; "I am lonely". There's no one to play with you. Then you're lonely. Look at my face, Ryan. (외로운 표정을 지어 주세요. 우리말로 "엄마 너무 외로워"라고 말해 주는 것도 괜찮아요.) Now I am happy. You know 'happy', don't you?

Ryan: Yes.

 아이가 이미 알고 있는 단어에 반응하면 칭찬해 주세요. 그림을 잘 그린다고 칭찬해 주는 것도 좋아요. 엄마의 칭찬을 받을 때 영어에 대한 두려움이 부서지고 흥미와 자신감이 자란다는

것. 저마다 다른 성향을 지닌 전 세계 아이들의 유일한 공통점
이랍니다.

Mom: Excellent! You are good at drawing! The next feeling
is 'sad'. Ryan, I am sad. Sob sob. (흐느끼는 표정을 지어
주세요.) Can you draw sad eyes and a sad mouth on
another face?

Ryan: Yes, I can do it.

Mom: Well done! Oh! I am angry! Ryan, I am angry!

Ryan: I can draw angry eyes and an angry mouth.

Mom: Now I feel guilty because I drew a robot on the wall
in the living room. (잘못한 듯한 표정을 지어 주세요. 우리말로
"엄마 잘못했어"라고 말해 주는 것도 괜찮아요.)

Ryan: Hehe. You are bad.

Mom: Yes, I feel guilty. The next feeling is 'curious'. When
you want to know something you don't know, then
you are curious. ("엄마는 너무너무 궁금해"라고 말해 보세요.)

우리 아이가 유난히 자주 느끼는 감정이 있나요? 호기심이 왕
성한 아이, 웃음이 많은 아이, 잘 놀라는 아이… 우리 아이 성
향에 맞게 대본의 감정어를 바꾸어 보세요.

Mom: Ryan, now, I am surprised! Can you draw surprised
eyes and a surprised mouth? And the next feeling is
'confident'. (엄마는 "깜짝 놀랐어"와 "자신있어"를 우리말로 말해

주셔도 됩니다.) Are you confident?

Ryan: Yes!

Mom: Good! Now I am shy, Ryan. When you are shy you don't want to sing or you don't want to dance in front of people. Can you draw that? Let's draw closed eyes.

Ryan: OK.

Mom: Well done! And I am worried. Look at my face, Ryan. (걱정하는 표정을 지어 주세요.) I am worried. Please draw worried eyes and a worried mouth.

Ryan: OK.

Mom: Next is 'silly'. (엄마가 지을 수 있는 가장 이상한 표정을 지어 보이며 아이를 웃겨 주세요.)

Ryan: Hehe. I see.

Mom: Now I am hungry. I want to eat chicken and pizza. I am hungry! Ryan, I have an idea! Let's draw a watering mouth. (침이 가득 고인 입을 그려 보세요.)

Ryan: OK.

Mom: Excellent! Now I am so full. I had chicken and pizza. Now I am sleepy. Yaaawn. (하품하는 척을 해보세요.) Wow! Ryan, you drew all the eyes and mouths for all the faces.

배고파서 무언가 먹게 되고, 먹고 나니 배가 부르고, 배가 부르면 졸립죠? 감정어를 배울 때는 이렇게 비슷한 감정끼리 연결해 주는 것이 좋아요.

Mom: Now I'm gonna ask you a question. How do you feel, Ryan? Are you sad? Are you happy? Are you angry? How do you feel?

Ryan: I am happy!

Mom: Oh! You are happy! I am happy, too!

 아이가 까르르 웃을 수 있게 간지럼을 태우면서 감정 표현 수업을 끝내는 건 어떨까요?

Don't Be Shy!

 함께 읽을 책: How Do You Feel?

 앤서니 브라운이 쓴 *How Do You Feel?*은 아이들이 자기 감정
에 솔직해지는 법을 배울 수 있는 책이에요. *curious, surprised*
등 각각의 감정에 어울리는 색과 그림을 한껏 활용하고 있어
그림만 봐도 그 의미를 피부로 느낄 수 있답니다.

Mom: Ryan, do you want to read a book? I have this. (책의 표
지를 아이에게 보여 주세요.) Can you read the title?

Ryan: Yes. 'How Do You Feel?'

Mom: Look at the cover of the book. There is a monkey. (원

숭이 얼굴을 가리키며 행복한 표정을 지어 주세요.) He looks happy. Oh! He is walking on a rope in the sky. It looks dangerous. But the monkey is not scared. Aha! He feels confident. Ryan, how do you feel now?

Ryan: I am happy.

아이가 어려 한국어를 섞어 수업을 진행할 때도 *Happy*, *Scared*, *Confident* 등 감정 표현에 쓰이는 핵심 어휘만큼은 꼭 영어로 반복해 주시는 것이 좋답니다.

Mom: Good! (다음 페이지로 넘긴 후 지루한 표정을 지어 주세요.) Oh! He is bored. He is yawning. Let's turn the page. Look at him. He's alone. (페이지를 넘겨 외로운 표정을 지어 주세요.) There is no one around him. He feels lonely. (행복한 표정으로 웃어 주세요.) Now he looks happy like you. (오른쪽 페이지를 볼까요? 이번엔 슬픈 표정이네요.) He looks sad. He is crying. (다음 페이지로 넘겨 주세요.) Oops! He feels so angry. Look at his eyes and mouth. He looks really really angry. (잔뜩 화난 것처럼 미간을 찡그려 주세요. 그림 속 원숭이처럼 눈치 보는 표정을 지어 주셔도 좋아요.) Haha! He drew a monster on the wall. So he feels guilty now.

백 번 설명하는 것보다 한 번 보여 주는 것이 낫다는 거 알고 계시죠? 감정 변화를 설명할 때마다 실감난 표정 연기까지 곁들여 준다면 우리 아이들이 더 쉽게 영어를 익힐 수 있어요.

Mom: Let's turn the page. Aha! He wants to open a book now. He feels curious. Hey, look, Ryan! (뱀이 책에서 튀어나오는 장면을 가리키며 놀란 표정을 지어 주세요.) He is very surprised!

 이제 책의 표지에 나왔던 그림이 나올 차례. 아이에게 어디에 나왔던 그림인지 물어보고, 표정과 감정이 어떻게 달라졌는지 비교하며 이야기해 주세요.

Mom: Remember this? It's the same picture as on the cover. Yes, he is confident. But he feels shy on the right page. He is on a stage. Ryan, let's cheer him up! "Don't be shy!"

Ryan: Don't be shy!

Mom: Excellent! He can sing and dance on the stage now. (다음 페이지로 넘기며 걱정 어린 표정을 지어 주세요.) Oh! He is worried. He couldn't write anything in his notebook. (주인공을 가리키며 함께 웃어 주세요.) Haha! Look at his face. He feels silly! (이제 다음 장입니다.) Wow! There is a big banana on the table. Now he is very hungry.

 먹을거리가 나오는 장면이 있다면 아이에게 같은 간식을 주는 것도 좋은 방법입니다. 그림책 이야기가 훨씬 오래 기억에 남는 것은 물론, 엄마와의 수업 시간을 더 좋아하게 될 거예요.

Mom: Next page! Oh! He ate the banana. So now he feels full. (배를 두드리며 배부른 흉내를 내 주세요.) Now he feels sleepy. The chair looks very comfortable. (오른쪽 페이지의 고양이를 가리키며 졸음에 가득 찬 표정을 지어 주세요.) Look at the cat on the mat. The cat also feels sleepy. Let's turn the page. Oh! We can see all the pictures in the book. Ryan, how do you feel now? Can you choose one picture?

Ryan: I am happy!

Mom: Ryan, you can choose another one.

Ryan: This one.

Mom: Oh! You are curious about the book. Then you can say 'I feel curious'.

Ryan: I feel curious.

Mom: Oh, my son is happy and curious! Then let me read you the book again.

 이제 아이에게 자주자주 기분을 물어보면서 책에서 배운 표현들을 반복해서 말할 기회를 만들어 주세요.

동물 이름 부르기 1

팔랑팔랑 동물 부채 만들기

📋 **준비물: 종이, 막대, 동물 사진, 목공용 풀**

이번엔 동물 부채를 만들며 여러 동물의 이름을 배워 볼 거예요. 동물 사진은 책에 있는 그림을 복사해도 좋아요. 부채 손잡이는 아이스크림 먹고 남은 막대를 깨끗이 씻어 두면 유용하게 쓸 수 있답니다.

Mom: Ryan, come here. Let's look at these pictures. What are they?

Ryan: Animals.

Mom: Yes, they are. They are a polar bear, a lion, a

hippopotamus, a flamingo, a zebra, a boa constrictor, an elephant, a leopard, a peacock, and a walrus. Can you tell me their names?

준비한 동물 그림을 한 장 한 장 보여 주세요. 이름이 어려운 동물이 나오면 작은 목소리로 알려 주거나 아이보다 살짝 앞서 말해 주어도 좋답니다. 아이가 스스로 정답을 맞힌 기분이 들게 한다면 성공!

Ryan: Yes. It's a polar bear. It's a lion. It's a hippopotamus. It's a flamingo. It's a zebra. It's a boa constrictor. It's an elephant. It's a leopard. It's a peacock. It's a walrus.

Mom: Excellent! We are going to make animal fans. Look at these animals. What's your favorite animal?

Ryan: The lion!

Mom: You can say "My favorite animal is the lion!"

Ryan: My favorite animal is the lion.

이제 그림책에 등장하는 10마리의 동물 부채를 만들어 볼 거예요. 동그라미 20개를 오리고 막대 10개를 준비해 주세요. 직접 만지고 움직이며 배운 내용은 쉽게 사라지지 않는답니다.

Mom: (종이를 원으로 자른 후 원 전체와 막대 위쪽에 풀칠을 한 후, 막대 절반을 동그라미 사이에 넣고 붙여 주세요.) Ryan, we need to glue the picture of the lion on the fan. Look at this

fan, Ryan. It is a lion fan. A lion roars. (사자가 포효하는
모습을 흉내내 주세요.)

Ryan: Roar!

Mom: Mom's favorite animal is the leopard. Let's make a
leopard fan.

사자 부채와 같은 방법으로 만들어 주세요. 매번 새로운 부채
를 만들 때마다 아이가 더 많은 과정에 참여하도록 유도해 주
면 좋아요.

Mom: A leopard snarls. The next animal is a polar bear. Let's
make a polar bear fan. A polar bear growls. What is
this animal, Ryan?

Ryan: A polar bear.

Mom: Good! And the next animal is a hippopotamus. (같은 방
법으로 하마 부채를 만들어 주세요.) A hippopotamus snorts.
What animal is this?

Ryan: A hippopotamus. (아이가 어려워하면 'hippo'라고만 해도 괜찮
아요.)

동물 이름과 동물의 울음소리까지 함께 알아보면 좋지만, 아
이가 단어를 어려워 한다면 엄마가 재미있는 소리를 내면서
웃게 해 주세요.

Mom: Excellent! Let's make a flamingo fan. (홍학 부채를 만들

어 주세요.) Ryan, a flamingo flutes. The next fan is a
zebra fan. (얼룩말 부채를 만들어 주세요.) A zebra brays.
Let's make the next fan. It is a boa constrictor fan. A
boa constrictor is a kind of snake. (보아뱀 부채를 만들어
주세요.) A boa constrictor hisses. And I will make an
elephant fan. (코끼리 부채를 만들어 주세요.) An elephant
trumpets. The next animal is a peacock. I will make
a peacock fan. (공작 부채를 만들어 주세요.) Ryan, listen to
the peacock. A peacock yelps.

Ryan: A peacock yelps.

 부채를 만들 때는 "이건 무슨 부채였지?", "이 동물은 어떻게
울지?" 같은 질문을 통해 오늘의 주제인 동물 이름과 울음소
리를 반복하도록 도와 주세요.

Mom: The last fan is a walrus fan. (마지막으로 바다코끼리 부채입
니다.) A walrus bellows. Wow! We are done. Now let's
take a look at the fans. (북극곰 부채를 아이에게 보여 주세요.)
Ryan, what is this animal?

Ryan: A polar bear.

Mom: Good! Listen to the polar bear. What do you hear?

Ryan: Growl!

Mom: Yes! A polar bear growls! (북극곰인 척하며 으르렁 소리를
내 주세요.) Growl! Growl! (아이에게 사자 부채를 보여 주세요.)
And what animal is this?

Ryan: A lion!

Mom: Good! What do you hear?

Ryan: Roar!

Mom: Excellent! A lion roars!

 이렇게 동물 부채를 한번 만들어 두면 이후에도 엄마랑 놀며 동물 이름과 울음소리를 복습하기에 좋답니다. 아이가 좋아하는 동물부터 어려워하는 동물까지, 다양한 동물 부채를 보여주며 동물 이름과 울음소리를 함께 익혀 보세요.

동물 이름 부르기 2

What Animal Is This?

 함께 읽을 책:

Polar Bear, Polar Bear, What Do You Hear?

 오늘의 그림책은 *Polar Bear, Polar Bear, What Do You Hear?*
입니다. 아이와 미리 만들어 둔 동물 부채로 동물 이름을 한 번
더 복습하고 그림책을 읽으면 엄마와의 추억도 두 배, 영어 실
력도 두 배로 늘 거예요.

Mom: Today, we're gonna play with animal fans before we
read the book. Ryan, what animal is this?

Ryan: It is a polar bear.

Mom: Yes, you remember! What animal is this?

Ryan: It is a lion.

Mom: Good! What's next? It is a hippo(potamus). And this is a flamingo. This is a zebra. This is a boa constrictor. This is an elephant.

엄마가 모든 동물 이름을 말하는 대신 아이와 함께 말한다는 생각으로 천천히 발음해 주세요. 답답해도 기다려 줄 때 아이들은 영어와 놀기 시작합니다.

Mom: This is a leopard. This is a peacock. And this is a walrus. Excellent! Ryan, do you hear a polar bear growling? (북극곰 흉내를 내며 으르렁하는 소리를 내 주세요.)

Ryan: Yes, I hear it.

Mom: OK. Now, look at the book. The title is 'Polar Bear, Polar Bear, What Do You Hear?' Oh! This is a polar bear. Ryan, what does the polar bear hear? We will find out soon!

Ryan: OK!

Mom: Oh! The polar bear is going somewhere. What does the polar bear hear? (다음 페이지로 넘겨 주세요.) What animal is this?

Ryan: A lion!

Mom: Do you remember? A lion roars!

Ryan: Roar!

Mom: Good! So the polar bear hears a lion roaring. Then, what does the lion hear? Let's turn the page. Wow! It is a hippopotamus. The lion hears a hippopotamus snorting. (다음 페이지로 넘기며 궁금한 표정을 지어 주세요.) And the hippopotamus hears a flamingo fluting! What is next? What does the flamingo hear? Shall we turn the page?

Ryan: Yes!

Mom: Aha! What animal is this, Ryan?

Ryan: A zebra!

Mom: Yes, it is a zebra. A zebra brays. So the flamingo hears a zebra braying. What does the zebra hear? (다음 페이지로 넘기며 어리둥절한 표정을 지어 주세요.) Wow! The zebra hears a boa constrictor hissing. Next, what does the boa constrictor hear?

동물의 이름과 행동을 배울 때는 엄마의 실감나는 연기가 가장 중요합니다. 동물들의 울음소리를 미리 찾아 보고 최대한 비슷하게 따라해 주세요. 아이들은 눈높이를 맞춰 주는 엄마를 가장 좋아한답니다.

Mom: Let's turn the page. OK. The boa constrictor hears an elephant trumpeting. What does the elephant hear? (다음 페이지로 넘기며 흥미로운 표정을 지어 주세요.) Haha, the elephant hears a leopard snarling. And what does the leopard hear? (다음 페이지로 넘겨 주세요.) Oh! What animal is this?

Ryan: A peacock.

Mom: Yes, it is a large bird with a beautiful tail. So the leopard hears a peacock yelping. What does the peacock hear? Let's check the next page. The peacock hears a walrus bellowing. And what does the walrus hear? Shall we turn the page?

Ryan: Yes!

Mom: Aha! A zookeeper! The walrus hears a zookeeper whistling. The zookeeper is whistling now. He looks happy. And what does the zookeeper hear? Let's turn the page. (매우 놀란 표정과 함께 아이를 한 명 한 명 번갈아 가리켜 주세요.)

재밌는 반전이죠? 이 장면에서는 아이가 직접 '으르렁, 히잉, 쉬익'하며 동물 울음소리를 흉내내게 하는 것도 좋은 방법이에요. 낯을 많이 가리는 아이라면 엄마가 먼저 아무렇지 않게 흉내내 주시면 최고!

Mom: Wow! The zookeeper hears children growling like a polar bear, roaring like a lion, snorting like a hippopotamus, fluting like a flamingo, braying like a zebra, hissing like a boa constrictor, trumpeting like an elephant, snarling like a leopard, yelping like a peacock, and bellowing like a walrus! Haha, they are wearing animal masks. Now, do you wanna read the book again? We can use the animal fans.

Ryan: Yeah!

 우와~! 오늘 엄청 많은 동물 이름을 배웠네요. 동물 이름이 어려우면 우선 건너뛰고, 주변에서 쉽게 볼 수 있는 동물 위주로 아이와 놀이를 시작해 주세요. 반복해 읽을수록 새로운 동물이 궁금해지는 놀라운 책이니까요.

동물 소리 따라하기 1

엄마는 꿀꿀, 아이는 Oink! Oink!

📋 준비물: 종이, 막대 10개, 목공용 풀, 빈 바구니

이번에는 동물이 내는 소리를 배워 볼 거예요. 같은 동물의 울음소리를 나라마다 다르게 표현하는 게 참 신기하죠? 이런 의성어 수업은 아이들이 특히 좋아한답니다.

Mom: Ryan, do you know what dogs say in English?

Ryan: No.

Mom: Woof, woof!

Ryan: Really? Not 멍멍?

Mom: No. Korean dogs say 멍멍. Well, how about pigs? Pigs

say 'oink, oink' in English.

Ryan: Really? That's interesting.

 우리 아이의 동물 소리 배우기를 도와줄 친구는 동물 막대입
니다. 동물 부채를 만들 때 썼던 막대 10개와 지름 10cm 가량
의 종이 동그라미 10개를 준비해 주세요. 엄마가 동그라미 위
에 동물 이름을 쓰고 아이가 단어 아래 그림을 그리면 완성!

Mom: (엄마가 종이 위에 'horse'라고 씁니다.) Ryan, What do horses
say in English? Repeat after me 'Neigh! Neigh!'.

Ryan: Neigh! Neigh! Korean horses say '히이잉! 히이잉'. (아이
가 말을 그리게 유도해 주세요.)

Mom: Yes, but horses in other countries speak in different
ways. OK. Now I will write 'cow'. A cow says 'Moo!
Moo!'.

Ryan: Moo! Moo!

Mom: The next animal is a sheep. A sheep says 'Baa! Baa!'.
(양 흉내를 내며 'Baa! Baa!' 소리를 내 주세요.) How about 'Maa!
Maa!'?

Ryan: I don't know.

Mom: A goat says 'Maa! Maa!' in English. How about a pig?

Ryan: I know this! Oink! Oink!

Mom: Great! A pig says 'Oink! Oink!'. And a dog says 'Woof!
Woof!'. I will write the word 'dog' on the paper. (아이가
개의 그림을 그리게 도와 주세요.) OK. Let's draw a cat. What

do cats say in English? It's 'Meow! Meow!'

Ryan: Meow! Meow!

Mom: Haha, good! You sound like a real cat. Now I will write the word 'duck'. A duck says 'Quack! Quack!'.

Ryan: Quack! Quack!

Mom: Haha. And the next animal is a rooster. It is not a hen. A rooster says 'Cock-a-doodle doo' in English. (오리의 "꽉꽉", 수탉의 "꼬끼오" 같은 소리를 크게 우리말로 외쳐 주세요.) The last animal is an owl! An owl says 'Whoo! Whoo!' in English. Ryan, draw an owl, please.

Ryan: OK.

이제 막대와 동물 그림을 함께 붙여 줄 거예요. 동물 부채를 만들 때처럼 동그라미 뒤에 막대를 붙였다면, 깊은 바구니에 동물 막대를 거꾸로 꽂아 주세요.

Mom: Now we can't see the animal pictures. We can just see the end of the sticks. Now you can pick one. (아이가 막대 하나를 뽑을 수 있게 도와주세요.)

Ryan: It's a 'pig'!

Mom: OK. What do pigs say in English?

Ryan: Oink! Oink!

Mom: Well done! You sound like a real pig, haha. Now it's mommy's turn. (엄마도 막대 하나를 뽑아 주세요.) I picked 'rooster'. Cock-a-doodle doo! Cock-a-doodle doo!

Ryan, do I sound like a real rooster?

Ryan: Yes!

 아이와 영어 그림책 수업을 하며 가장 좋았던 건 일상에서는 하지 않을 재밌는 놀이를 많이 시도할 수 있다는 점이었어요. 어릴 때부터 엄마와 친구처럼 놀며 자란 아이에겐 평생 간직할 행복한 추억이 생긴답니다. 물론 엄마에게도 자신을 똑 닮은 어린 친구가 한 명 생기는 거고요!

동물 소리 따라하기 2
Itsy-Bitsy Spider

 📖 **함께 읽을 책: The Very Busy Spider**

*The Very Busy Spider*는 동물 소리를 배울 수 있는 최고의 책이에요. 아주 바쁜 거미에겐 동물 친구가 아주 많거든요. 거미의 발과 거미줄, 파리의 날개 등 그림의 일부가 특수 소재로 제작되어 우리 아이들이 더 좋아한답니다. 먼저 '*The Itsy-Bitsy Spider*' 노래를 들려 주면서 시작할까요?

Mom: Ryan, you know this song, don't you? Sing it together with Mommy, will you? (아이와 함께 즐겁게 노래를 불러요.)

🎵🎵 The Itsy-bitsy spider went up the water spout. Down came the rain and washed the spider out. Out came the sun and dried up all the rain. Then the itsy-bitsy spider went up the spout again. 🎵🎵

Mom: You are a good singer. Ryan, take a look at this book. It's about a spider. Wow! The spider is big and it's red and green. And what are these lines under the spider?

Ryan: A web!

Mom: Yes! It's spider web! And what is the title of the book? Can you read this?

Ryan: The very busy spider!

Mom: Yes, let's find out why the spider was very busy. (다음 페이지로 넘겨 보세요.) It was early in the morning. Along came a spider. It was a female spider. She began to spin a web with her silky thread. That's why she was very busy.

바쁜 거미에게 동물 친구들이 찾아와 같은 질문을 반복하는 구성이라 동물들이 내는 소리가 더 돋보인답니다. 친구들이 거미를 부르는 부분을 한껏 강조해 읽어 주세요.

Mom: (페이지를 넘겨 주세요.) There is a horse in the picture. The horse said, 'Neigh! Neigh!'. Uh-oh! The spider didn't answer and was busy spinning her web. What is next?

(한껏 궁금한 표정과 함께 페이지를 넘겨 주세요.) Aha! It's a cow.
Ryan, do you remember what cows say in English?

Ryan: Moo! Moo!

Mom: Good! The next animal is a sheep. The sheep said
'Baa! Baa!'. But the spider didn't answer. And she kept
spinning her web. She looks very busy.

Ryan: Yes.

Mom: Now there is a goat. 'Maa! Maa!' said the goat. The
spider was still busy spinning her web. So she didn't
answer. Let's turn the page. The next animal is a pig.
Ryan, can you help me? The pig said: (아이가 "Oink,
oink"라고 대답할 수 있도록 작은 목소리로 알려 주세요.)

Ryan: Oink! Oink!

Mom: Well done! Yes, the pig said 'oink, oink'. But the spider
didn't answer. Oh! Look at this web! The web looks
different now.

페이지를 넘길 때마다 거미줄이 점점 많아지고 복잡해지는 걸
볼 수 있지요? 거미줄이 점자처럼 오돌토돌 솟아 있기 때문에
손으로 따라 짚으며 읽는 재미가 있어요.

Mom: (페이지를 넘기기 전에 아이에게 어떤 동물이 나올지 추측하게 해주
세요.) Now we can see a dog. 'Woof! Woof!'. The spider
was spinning to make more of her web. (점점 커지는 거
미줄을 손끝으로 느껴 보세요.)

Ryan: Yes!

Mom: The next animal is a cat. 'Meow! Meow!' said the cat. Did the spider answer?

Ryan: No!

Mom: You're right. The spider didn't answer. Why?

 이렇게 반복되는 구성을 가진 책을 읽을 땐 아이에게 뒷내용을 추측하게 해 보세요. 쉽고 간단하지만 우리 아이 사고력에 도움을 주는 질문이랍니다.

Ryan: She was busy!

Mom: Yes, she was busy spinning her web. Let's turn the page. And the duck said, 'Quack! Quack!'. Oh! The spider has finished her web! Now did she answer?

Ryan: No!

Mom: Really? OK. Let's turn the page. The next animal is a rooster! Cock-a-doodle doo! Uh-oh! The spider caught the fly in her web! Did she eat the fly? Let's turn the page. It's a dark night. The owl said 'Whoo! Whoo!' Where is the spider, Ryan? (엄마가 손으로 거미 친구를 가리켜 주세요.) Aha! Here she is! What is she doing?

Ryan: Sleeping.

Mom: Yes. She has fallen asleep. It has been a very, very busy day for her. Say goodnight to her.

Ryan: Goodnight, spider!

아주 바쁜 거미는 열심히 거미줄을 짜고 잠이 들었어요. 밤이 오니 부엉이가 나타나는 것만 봐도 작가의 섬세함을 엿볼 수 있답니다. "거미는 왜 그렇게 열심히 거미줄을 치는 걸까?", "왜 밤에는 부엉이가 찾아 오는 걸까?" 처음에는 이렇게 엄마가 먼저 아이를 유도하며 스스로 질문하는 힘을 길러 주세요. 영어뿐만 아니라 환경과 과학에 대한 지식도 함께 기를 수 있답니다!

내가 가장 좋아하는 색 1

까만 밤하늘에 무지개를 그려요

📋 **준비물: 스케치북, 크레용, 뾰족한 막대, 클립**

오늘 우리 아이와 함께 배워 볼 주제는 여러 가지 색깔입니다.
평범한 그림 그리기에 약간의 재미만 더해도 우리 아이들은
훨씬 즐겁게 배운답니다.

Mom: Ryan, come here and take a look at these. What do I
have?

Ryan: Crayons.

Mom: Yes, very colorful crayons. Do you know the names of
the colors? What color is this? It's purple. ('purple'은 r과

ㅣ이 가깝게 붙어 있어 아이가 발음하기 꽤 어려운 단어예요. 엄마도 발
음에 자신이 없다면 아이에게 r과 ㅣ을 발음할 때 혀의 위치가 달라진다
는 사실 정도만이라도 인지하게 해주세요.)

Ryan: It's purple.

Mom: Good! What color is this? It is brown.

Ryan: Brown!

Mom: Well done! How about this one?

Ryan: Blue!

Mom: Yes! It is blue! Great! And what's the next one?

Ryan: Yellow.

Mom: Yes, it's yellow. The next one is gold!

Ryan: Gold.

Mom: Yes, it is gold. What color is this? It's silver.

Ryan: Silver.

Mom: What color is this?

Ryan: Red!

Mom: Good! And this is green. The next one is orange! This
is a black crayon. What color is this?

Ryan: White.

Mom: Yes, it's white. The last color is pink! We have a lot
of colors. Mommy's favorite color is red. What's your
favorite color?

Ryan: Black!

Mom: Oh! You like black. OK. Ryan, you can say "My
favorite color is black!"

Ryan: My favorite color is black.

 이제 아이와 함께 여러 가지 색의 크레용을 사용해 스케치북을 가득 채워 보세요. 단, 검정색만 빼고요. 이때 꾹꾹 눌러 그리는 게 포인트이고요. 이후 검은색을 덧칠해 스크래치 놀이를 해볼 거예요.

Mom: Wow! We did it. Now it's time for the black crayon. (아이와 함께 검정 크레용을 진하게 덧칠해 주세요.) Again, we did it! Now let's scratch it! (크레용 위를 뾰족한 막대나 클립으로 긁어 주세요. 원하는 모양을 그리면서요.) We can see the light colors again! You can draw anything you want like a dinosaur or a car. Ryan, what do you want to draw?

Ryan: A monster!

Mom: Haha! That's a good idea. You can also draw a lot of lines or circles. (아이가 뾰족한 도구를 안전하게 사용해 그림을 그릴 수 있게 도와 주세요.)

Mom: Wow, look at this picture. It's wonderful. Do you wanna put this picture on the wall?

Ryan: Yes!

 아이가 스스로 만든 작품을 보고 자랑스러워하고 즐거워할 수 있도록 벽에 그림을 걸고 칭찬해 주세요.

내가 가장 좋아하는 색 2

Yackity, Clackity!

 함께 읽을 책: My Crayons Talk

우리 아이와 함께 색깔 이름을 익혀 볼 책은 *My Crayons Talk* 입니다. 진짜 크레용으로 칠한 것 같은 질감의 그림 덕분에 아이들이 몇 번이고 만져 보고 신기해하는 책이지요. 수업을 시작하기 전에 아이와 함께 만든 스크래치 그림과 크레용을 준비해 주세요. 그리고 아이가 흥미로워할 만한 이야기로 책읽기를 시작해 볼까요?

Mom: Hey, Ryan! Did you know that crayons can talk?

Ryan: What? No! Crayons can't talk!

Mom: Yeah? You think I am a liar? If you can't believe me, look at this book. In this book, crayons talk to you. They can shout, sing, and even brag.

Ryan: Really?

Mom: Yes! Look at the cover. A girl has a crayon. What color is this crayon?

Ryan: Brown.

Mom: Yes, it's brown. The girl drew an umbrella with a brown crayon. What else can you see on the cover?

Ryan: A flower.

Mom: Yes, we can see a flower. And we also see a little bit of blue crayon. Ryan, can you read the title?

Ryan: Yes! 'My Crayons Talk'

Mom: That's right! Now let's turn the page. Wow! There are a lot of crayons. How many crayons are there? (아이가 스스로 소리 내어 셀 수 있도록 엄마는 옆에서 입모양으로 도와 주세요.)

Ryan: One, two, three, four, five, six, seven, eight, nine, ten, eleven, and twelve!

Mom: Yes, there are twelve crayons in the box! The purple crayon shouts! "Yum! Bubble gum." The girl is blowing a purple bubble. It is very big!

이제 반복되어 나오는 색깔들을 익히는 동시에 크레용이 이야기하는 소리들을 함께 배워 볼 텐데요. 아이가 어려워하면 색깔을 나타내는 단어 위주로 먼저 놀아 보고, 그 후에 다른 표현들을 익히도록 엄마가 이끌어 주세요.

Mom: (페이지를 넘겨 주세요.) The next crayon is brown. It can sing, "Play, Mud-pie day". Haha. The cows have mud-pies. The next one is a blue crayon. It looks like a rocket. It calls "Sky, swing so high." The girl is swinging. (페이지를 넘기며 아이의 흥미를 자극해 주세요.) Ryan, look at the picture. This yellow crayon chirps like a chick. It says "Quick, baby chick." Wow! There are many chicks and they are yellow! The sun is wearing sunglasses. That's really funny, don't you think?

크레용 색깔과 그 색을 가진 사물들이 등장하는 것이 재미있지요? 파란색은 하늘을 가로지르는 로켓, 보라색 풍선껌, 노란색 병아리… 나중에 아이와 함께 따라 그려 보면서 색깔이름들을 복습하면 좋을 거예요.

Mom: (금색 크레용을 가리키며 말해요.) This gold crayon is shining. It brags, "Fine, dress up time." Look at the girl. She is wearing gold earrings, gold necklaces, and gold bracelets. She also has a gold crayon. So shiny!

Ryan: Wow! Sparkle, sparkle!

Mom: Haha yes, sparkle, sparkle! What's next? It's silver. Silver toots: "Grand, Marching band." A dog and a cat are playing silver flutes.

이번엔 금색과 은색 크레용이네요. 어렸을 땐 반짝이는 금색과 은색이 얼마나 예뻐 보이던지. 크레용을 사면 항상 금색과 은색이 가장 먼저 닳았던 기억이 나요.

책을 읽으며 우리 아이들이 좋아하는 색깔 크레용은 뭐라고 말할 것 같은지 적극적으로 물어봐 주세요. 아마 재치 넘치는 대답을 들을 수 있을 거예요.

Mom: It's a red crayon. It roars, "No, do not go." And it's a red lion. It has a stop sign. (페이지를 넘겨 주세요.) The next color is green. It yells, "Fun! Watch me run." (나비가 날고 토끼와 소녀가 달려갑니다. 왼쪽에 있는 크레용이 말을 하네요. 페이지를 넘겨볼까요?) Yackity. Clackity. Talk. Talk. Talk. (이제 주황색 크레용 차례입니다.) The next one is an orange crayon. It asks, "Sweet, may I eat?" This girl is eating an orange. Mmm, it looks sweet!

오렌지나 바나나, 딸기처럼 아이들이 좋아하는 과일이 나오면 준비해 두었다가 아이들을 위한 깜짝 선물로 주는 것도 우리 아이 넛지 영어만의 필살기:)

Mom: The next page is dark. It's black. It's a black crayon. It hoots, "Wise, big owl eyes." The owl has big eyes. It looks at the crow in the tree. It is a black crayon tree.

(페이지를 넘기며 <u>으스스한 소리</u>를 내보세요.) Oh! It's a ghost. I am scared. The color is white. It's a white ghost. White screams, "Most scary ghost." (이제 색깔 하나가 남았습니다. 페이지를 넘겨주세요.) The last color is pink. Look at this clown. His pants fall down. Ha, ha, ha! Pink laughs, "Clown! Pants fall down!"

Ryan: Hehe, funny!

Mom: Ryan, do you still think crayons can't talk?

Ryan: No! Crayons talk! (박수와 함께 아이를 칭찬해 주세요.)

냠냠 씹어 먹는 영어 놀이

준비물: 설탕, 소금, 식초, 쿠키, 닭가슴살, 오렌지, 사과, 오이 등
(다양한 맛의 음식을 자유롭게 준비해 주세요.)

아이와 함께 음식과 맛에 대해 즐기며 배워보는 시간이에요.
설탕이나 소금, 사과와 쿠키, 오이 등 구하기 쉬운 음식을 준비
해 아이와 함께 직접 먹어 볼 거예요. *Yum yum*!

Mom: Ryan, I have something you can taste. This is salt. And
this is sugar, this is vinegar and this is chicken breast.
I also have some oranges and cookies. (준비한 것들을 아
이에게 보여 주면서 이름을 말해 주세요.) Oh! I have an apple
and a cucumber, too.

Ryan: Can I eat the cookies?

Mom: Sure! (아이와 함께 쿠키를 맛보세요.) Do you like the cookies? Ryan, I want you to listen to the sound when you eat the cookies. Can you hear the cookies?

Ryan: Yes.

Mom: They are crisp. Crisp cookies! (아이가 따라하도록 유도해 주세요.)

Ryan: Crisp cookies.

Mom: We're gonna taste some oranges next. They look yummy. (아이와 오렌지를 맛보세요.) They are sweet and sour. That means they are tasty oranges!

조금씩 맛을 보면서 아이가 스스로 맛 표현을 하도록 도와주세요. 표정과 행동을 섞어서 신맛과 달콤한 맛을 표현하는 것도 아이가 오감으로 영어를 익히게 하는 좋은 방법이겠죠? 단어를 잊더라도 몸이 기억할 거예요.

Mom: Let's try sugar this time.

Ryan: Sweet.

Mom: Yes, it is very sweet. It is sweet sugar. (동일하게, 아이가 표현을 따라하도록 유도해 주세요.)

Ryan: Sweet sugar.

Mom: The next one is chicken breast. Wow! We like chicken! Chicken breast is tender. It is tender chicken breast.

Ryan: Tender chicken breast.

Mom: Ryan, this is vinegar. Let's try just a little. Hahaha! It is tart and sour. You don't like the taste, do you? It is tart and sour vinegar.

Ryan: It is tart and sour vinegar.

Mom: Excellent! And this time, we're not eating this apple. We will just touch and look at it. (아이가 사과를 만지고 자세히 들여다볼 수 있게 손에 쥐여 주세요.) How does it feel? It is smooth and shiny. It is a shiny apple.

Ryan: It is a shiny apple.

Mom: Now I will squeeze the orange. Wow! It is very juicy. It is a juicy orange. (아이가 따라하게 하는 것, 잊지 마세요!)

Ryan: A juicy orange.

Mom: And we will eat the cookies again. Do you remember? Crisp cookies. And we can use another word for it. "It is crunchy." (아이가 따라할 수 있게 해주세요.)

Ryan: It is a crunchy cookie.

Mom: I have one more crunchy thing. It is a cucumber.

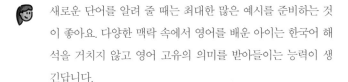

새로운 단어를 알려 줄 때는 최대한 많은 예시를 준비하는 것이 좋아요. 다양한 맥락 속에서 영어를 배운 아이는 한국어 해석을 거치지 않고 영어 고유의 의미를 받아들이는 능력이 생긴답니다.

Mom: Ryan, try a little. (아이가 사각사각한 오이를 맛보게 해주세요.) How does it taste? You can use the word 'crunchy'. It is a crunchy cucumber.

Ryan: It is a crunchy cucumber.

Mom: Well done!

이제 맛본 것들을 아이에게 하나하나 보여 주면서 맛표현을 해볼 차례입니다. 아이가 앞서 익힌 표현을 기억하지 못한다면 엄마가 대신 말해 주면서 아이가 따라하도록 해주세요. 영어가 과제나 숙제라는 느낌이 들기보다 엄마와 함께하는 즐거운 놀이라고 생각할 수 있도록 말이죠!

Shiny Red Apples!

📖 함께 읽을 책: **Lunch**

오늘은 데니스 플레밍의 *Lunch*를 함께 읽으며 여러 가지 맛 표현에 대해 배워 볼 거예요. 글씨가 크고 내용이 짧아 아주 어린 아이들도 혼자 힘으로 읽을 수 있는 책이랍니다.

Mom: Ryan, do you see this book? (아이에게 표지를 보여 줍니다.)
I am sure you can read this book by yourself. First, what can you see on the cover?

Ryan: A mouse.

Mom: Yes, you can see a mouse and a turnip. The mouse

has a red nose and a white tooth. This is a turnip. A turnip is a round vegetable. What color is the turnip?

Ryan: Purple.

Mom: Yes, it is purple. And the title of this book is 'Lunch'. Ryan, what did you have for lunch?

Ryan: Curry.

Mom: Yes, you can say 'I had rice and curry for lunch'.

Ryan: I had rice and curry for lunch.

Mom: Excellent! (페이지를 넘겨 주세요.) The mouse is sniffing something. Sniff! Sniff! (킁킁거리는 시늉을 하면서 페이지를 넘겨 주세요.) Ryan, look at the picture. The mouse climbs up the table and sees something white.

주인공 쥐는 무척 배가 고픈가 봐요. 새로운 과일과 야채를 먹을 때마다 음식의 색깔과 식감을 묘사하는 단어가 등장하고 있네요. 아이와 함께 쥐가 어떤 음식을 먹었는지 맞춰 보세요!

Mom: (페이지를 한 번 더 넘겨 주세요.) It is a turnip. He ate a crisp turnip. Ryan, look at this orange thing. What is this?

Ryan: I don't know.

Mom: Let's find out!

Ryan: OK.

Mom: Oh! You can see an orange carrot. The mouse ate the orange carrot. (당근 옆에 있는 옥수수를 가리켜 주세요.) Ryan, what is this? (아이에게 정답이 궁금한지 물어본 후 페이지를 넘

겨 주세요.) It is a piece of corn. It is sweet yellow corn. Did the mouse eat the carrots?

Ryan: Yes.

Mom: Yes, you're right. (옥수수 옆에 있는 완두콩을 가리켜 주세요.) Can you look at this one? The color is green. Oh! They are peas! They are tender green peas! The mouse ate the peas, too.

주인공 쥐가 먹는 음식을 함께 준비해 주셔도 좋아요. 실제로 보고 만지고 씹으며 읽으면 음식의 색과 식감을 훨씬 생생하게 기억할 수 있답니다.

Mom: (완두콩 옆의 블루베리를 가리켜 주세요.) Ryan, what are these? Let's turn the page. Aha! They are berries. They are tart blueberries. Did the mouse eat the berries?

Ryan: Yes!

Mom: OK. He ate the berries. (블루베리 옆의 포도를 가리켜 주세요.) Ryan, it looks like a bunch of grapes. Let's turn the page. Oh, yes! They are grapes. They are sour purple grapes. The mouse ate the grapes. (이번에는 또 뭘까? 궁금해 죽겠다는 표정을 지으며 포도 옆의 사과를 가리켜 주세요.) Ryan, what is this?

Ryan: An apple!

Mom: Yes! They are apples. They are shiny red apples. Did the mouse eat the apples?

Ryan: Yes!

Mom: Yes, he ate the apples. (페이지를 넘기면서 아이에게 계속 기대 감을 심어 주세요.)

Ryan: Yes.

Mom: On the next page, we can see black seeds and red fruit. And we can also see a white and green fruit peel. What is this?

Ryan: A watermelon.

Mom: (페이지를 넘기며 정답을 맞힌 아이를 칭찬해 주세요.) Yes, it is a watermelon. It is a juicy pink watermelon. Let's turn the page. Haha! The mouse even ate all the seeds. They are crunchy black seeds.

이제 어떻게 수업을 진행해야 할지 감이 오시나요? 이건 수박 이야. → 수박은 즙이 많아. → 이건 즙이 많은 수박이야. 이렇 게 문장 구성과 길이를 점점 늘리며 아이들이 영어와 자연스 레 친해지도록 도와 주세요.

Mom: (페이지를 한 장 더 넘겨 주세요.) Oh! Look at the picture. The mouse went back home. Is he full now?

Ryan: Yes.

Mom: Aw, the floor became messy because of the mouse. He took a nap. (배부르고 졸린 표정으로 잠드는 시늉을 해 주 세요.) Zzz... (반쯤 눈을 감은 채 페이지를 넘겨 주세요.) Until... dinnertime! Haha! The mouse became hungry again.

He is sniffing again.

 이런, 식탁보가 잔뜩 지저분해졌네요. 식탁 위의 음식 부스러기를 보며 쥐가 어떤 음식들을 먹었는지 물어봐 주세요. 엄마와 함께하는 퀴즈 놀이로 복습까지 완벽하게 끝낼 수 있겠죠?

Mom: Let's turn the page. Look at the picture, Ryan. What did he eat? He ate yellow corn, blue berries, a pink watermelon, black seeds, purple grapes, green peas, a white turnip, orange carrots and red apples! Wow! He ate a lot! (아이가 이야기와 그림을 떠올리며 먼저 대답할 수 있도록 색깔로 힌트를 주고 음식이름을 맞추도록 유도해 주세요.)

Ryan: He had everything!

Mom: Haha, yes. He must be so full now.

우리 아이가 한 명 더 생겼어요!

 준비물: 전지, 크레파스, 매직, 크레용

 영어 그림책은 온몸으로 영어를 습득하는 최고의 방법이죠.
오늘은 그야말로 몸으로 공부하며 우리 몸의 부위별 이름을
배워 볼 거예요.

Mom: Ryan, Come here. I have something fun to do. What
are these?

Ryan: Paper and crayons.

Mom: Yes, you are right. This is paper. It is very very large,
isn't it? Ryan, could you lie down on the paper? Then,

stretch your arms and legs out comfortably. Don't fall asleep!

네 맞아요. 엄마는 아주 커다란 종이 위에 누운 우리 아이의 몸을 따라 그려 주면 된답니다. 어떤가요? 우리 아이와 키도 똑같고 몸집도 똑같은 분신이 하나 더 생겼네요!

Mom: Now I will draw an outline of your body. This will become another you on the paper. It is interesting, isn't it?

Ryan: Hehe, I'm ticklish.

Mom: Don't move, Ryan. If you move, the other you will be an ugly boy.

아이와 함께 그린 그림 위에 머리부터 발끝까지 부위별 명칭을 영어로 써 주세요. 단어를 적으면서 각 부위의 역할도 얘기해 보고, 예쁘게 색칠도 해주면 더 좋겠죠?

Mom: Now I will write the name of the body parts. Ryan, what is this?

Ryan: Head, my head!

Mom: Yes, it is your head. I will write the word 'head' beside your head. (몸의 머리 부분에 'head'라고 적어 주세요.) You can turn your head. Can you repeat after me? (머리를 돌려 주세요. 동작은 최대한 크게 크게 해 주는 것이 좋답니다.) I can turn my head.

Ryan: I can turn my head.

Mom: Good! What is the next one? It is a neck. I will write the word 'neck'. And I can bend my neck. (목을 구부려 주세요. 엄마가 먼저 시범을 보이고 아이와 번갈아 해보는 것이 좋아 요.) Can you do it?

Ryan: Yes, I can do it!

Mom: These are shoulders. I will write the word. Look at me, Ryan. (어깨를 으쓱 올려 주세요. 팔, 다리, 무릎 등 두 개씩 있는 부위는 우리말과 달리 복수형으로 써 주는 것 잊지 마세요!) I raise my shoulders. Can you do it?

Ryan: Yes, I can do it!

Mom: And these are arms. We can wave our arms. ('arms'라 고 쓴 후 팔을 흔들어 주세요.) Now I will write the word 'hands'. Where are your hands?

Ryan: Here!

Mom: Yes, I will write the word here. What can I do with my hands? (짝짝 박수를 쳐 주세요.) I can clap my hands. Next one is my chest! (그림 위에 'chest'라고 쓰고 고릴라 흉내를 내며 가슴을 두드려 주세요.) I can thump my chest like a gorilla. Can you do it, Ryan?

Ryan: Yes! I can do it!

Mom: Oh! Ryan, I want to show you where your back is. I have to turn the paper over. Here! (등쪽을 손으로 가리 켜 주세요.) And I write the word 'back'. (등으로 아치 모양

을 만들어 주세요.) I can arch my back. Next one is your hips. ('hips'라고 쓰고 엉덩이를 씰룩씰룩 움직여 주세요.) I can wriggle my hips. Can you do it?

Ryan: Yes, I can do it!

Mom: Let's turn the paper over again. These are knees. (엄마는 'knees'라고 쓰고 무릎을 접었다 폈다 반복해 주세요.) We can bend our knees. And these are legs. ('legs'라고 쓰고 무언가 발로 차는 시늉을 해 주세요.) Now I can kick my legs. Can you do it?

Ryan: Yes, I can do it too!

Mom: Here is your foot. Let's write the word 'foot'. Ryan, you can stomp your foot. ("Look at me"라고 외친 후 아이와 함께 발을 굴러 주세요.) The last part is your toe. Now I will write 'toe'. How many toes do you have?

Ryan: Ten!

Mom: Yes, you have ten toes. And you can wiggle your toe. Let's do it together. (아이와 발을 맞대고 발가락을 꼼지락거려 보아요.) We are done! (아이와 함께 그린 몸 그림을 벽에 붙여 주세요.)

 피부로 전해지는 온기는 아이에게 사랑받고 있다는 느낌을 선물할 뿐 아니라 뇌를 활성화해 아이의 언어 발달에도 큰 영향을 끼친답니다. 영어 그림책이 인성교육과 언어교육, 창의력까지 책임지는 이유, 이제 아시겠죠?

소중한 나의 몸 2

How Many Toes Do You Have?

 함께 읽을 책: From Head to Toe

 에릭 칼의 *From Head to Toe*는 신체 부위를 배우기에 더없이 좋은 책이에요. 친숙하고 귀여운 동물 친구들이 잔뜩 나와 신체 부위와 동작은 물론 동물 이름과 특성까지 함께 익힐 수 있답니다.

Mom: Ryan, do you remember how to say your body parts?

Ryan: Yes!

Mom: OK. Then, let's take a look at the cover of the book. What can you see?

Ryan: A gorilla!

Mom: Yes! It's a gorilla. What is the title? It is 'From Head to Toe!'. Where is your head, Ryan?

Ryan: Here!

Mom: Yes, here. (엄마는 아이의 머리를 가리켜 주세요.) And where is your toe?

Ryan: Here!

Mom: Good! Let's turn the page. Oh! There is a boy. He is pointing at his head and his toe. (다음 페이지로 넘겨 주세요.) Wow! There is a penguin. And a child, too. What are they doing? They are turning their heads. I turn my head. Can you do it?

Ryan: Yes, I can do it. (앞서 몸 그림을 그리며 아이와 했던 활동을 상기시키며 아이와 함께 머리를 돌려 보세요.)

 *"Can you do it?"*라고 물어 보는 동물 친구들과 *"Yes, I can do it!"*이라고 외치는 어린 친구들의 답변이 반복되고 있어요. 펭귄이 나올 때는 뒤뚱뒤뚱, 기린이 나올 때는 목을 길게 빼고, 동물 친구들이 바뀔 때마다 다른 느낌으로 질문해 주세요.

Mom: Ryan, what animal is this?

Ryan: A giraffe!

Mom: Yes, it's a giraffe. It has a long neck. I can bend my neck. Can you do it?

Ryan: I can do it.

Mom: (다음 페이지로 넘겨 주세요.) The next animal is a buffalo. And look at me, Ryan. (어깨를 올려 주세요.) I can raise my shoulders. Can you do it?

Ryan: Yes, I can do it.

이렇게 같은 구성이 반복되는 책은 아이들이 언제 어떤 단어가 나올지 예상할 수 있다는 장점이 있답니다. 심지어 아직 알파벳을 읽지 못하는 아이들도 반복 문장만큼은 말할 수 있게 되지요. "Yes, I can do it!"이 나올 때만큼은 엄마가 읽어 주는 대신 아이들이 직접 말하도록 해주세요. 영어로 말문 트기 어렵지 않죠?

Mom: Let's turn the page. What's next?

Ryan: A monkey!

Mom: Yes, it's a monkey. It has long arms. So monkeys can wave their arms. (팔을 흔들어 주세요.) I can do it, too!

Ryan: I can do it, too!

Mom: Shall we turn the page? What animal is this? It's a seal. And it can clap its hands. Can you clap like a seal? (박수를 치면서 아이가 문장을 말할 수 있게 유도해 주세요.)

Ryan: I clap my hands.

Mom: (한 페이지 더 넘겨 주세요.) The next animal is a gorilla. We saw it on the cover. Ryan, look at me. (양손으로 가슴을 두드려 주세요. 고릴라는 아이들에게 가장 인기가 많은 동물이에요. 아이가 따라할 때 가슴을 너무 세게 두드리지 않도록 주의해 주세요.) I thump my chest. Can you do it?

Ryan: Yes, I can do it.

Mom: Let's turn the page. Oh! It is a cat. And I arch my back like a cat. (고양이처럼 등을 구부려 주세요.)

Ryan: I can do it.

Mom: (페이지를 넘겨 주세요.) It's a crocodile. Where are my hips? (엉덩이 위에 손을 올리고 엉덩이를 흔들어 주세요.) Here they are. And I wriggle my hips. Let's turn the page. The next animal is a camel. (낙타처럼 무릎을 접어 주세요.) I bend my knees like a camel. Can you do it?

Ryan: Yes, I can do it!

Mom: Let's turn the page. It is a donkey! Haha! It can kick its legs. (뻥 차는 시늉을 해 주세요.) I kick my legs, too.

Ryan: I can kick my legs.

Mom: Good! (다음 페이지로 넘겨 주세요.) It is an elephant. It's very big. What can it do? It can stomp its foot. (발을 힘껏 굴러 주세요.) I stomp my foot. Can you do it?

Ryan: I can do it!

 아이들이 잘 따라하고 있나요? 몸으로 외우는 영어단어, 잊어버리기 어렵겠죠? 페이지를 넘길 때도 과장된 몸짓을 쓰면 아이들이 까르르 웃으며 따라할 거예요.

Mom: Oh! There is a boy. And there is a parrot, too. He says 'I am I'. And he wriggles his toe. (발가락을 꼼지락거려 주

세요.) Ryan, can you do it?

Ryan: Yes, I can do it!

Mom: Yes, you can do it. Can the parrot wriggle its toe?

Ryan: No!

Mom: Nobody knows if the parrot can wriggle its toe. Ryan, let's read this book again!

Ryan: Yes!

 다시 읽을 때는 동작만 보여 주고 동물 이름을 맞추게 하거나, 동물 이름만 알려 주고 동작을 흉내내보게 하는 것도 좋아요. 아이의 영어 수준에 따라 새로운 동물과 동작을 추가할 수도 있지요. 같은 책도 다르게 읽을 때 우리 아이들은 더 즐거워한답니다.

내 몸 사용 설명서 1

달리고 던지고 뽀뽀해요!

 준비물: A4 종이 1장, 매직

매번 "자~ 이제 그림책 수업하자!"라고 말하면 아이들도 지루하겠죠? 아이가 그림책 읽기를 거부할 때는 아이의 호기심을 자극하는 행동으로 주의를 끄는 것도 좋은 방법이에요. 움직임에 대해 배우는 날이라면 뜬금없이 거실에서 운동을 시작하는 것처럼요!

Mom: (엄마는 거실을 여러 바퀴 돌며 달려 주세요.) Run! Run! Run!

Ryan: What are you doing, Mom?

Mom: I am running now. Phew! I need to take a break. I will

sit on the sofa. Ryan, come and sit next to me. Shall
we play a card game?

Ryan: Yes!

 *A4 크기 정도의 종이를 잘라 8장의 사각형을 만들어 주세요.
8장의 카드 위에 8가지 동작을 적어 줄 거예요.*

Mom: Now I will write some words on each card. Ryan, what
did I do in the living room?

Ryan: You ran!

Mom: Yes! I ran around the living room. (첫 번째 카드 위에 'run'
이라고 적어 주세요.) Ryan, when people are sad, what do
they do?

Ryan: Cry!

Mom: OK. Cry! I will write 'cry' on the second card. Look
at my neck, Ryan. What am I doing? I am turning
my neck. (세 번째 카드 위에 'turn'을 적어 줍니다.) Can you
choose one word for me, Ryan?

Ryan: Fall!

Mom: (네 번째 카드에는 아이가 고른 단어를 적어 주세요.) I want to
write the word 'throw'. You can throw the ball, can't
you? (이번에는 엄마가 단어를 골라 봅니다.) What do we write
next? How about 'blow'? We can blow up the balloons.
And we can also blow our noses. (조금 어려운 단어를 적
을 때는 동작을 곁들이며 단어를 적어 주세요.) The next word is

'wash'. I wash my face every morning.

Ryan: Me too!

Mom: And 'chew'! I want to write the word 'chew'. (아이에게 뽀뽀해 주세요.) Haha, what did I do?

Ryan: 뽀뽀.

Mom: Yes, I kissed you. So I want to write 'kiss' on the last card. Wow! We did it.

이제 8개의 단어가 쓰여진 8장의 카드가 생겼지요? 카드를 골고루 섞어준 후에 가위바위보를 해요. 이긴 사람이 카드를 들고 있을지 단어에 맞는 행동을 할지 고를 수 있어요.

Mom: Now, let's play the card game. (카드를 섞은 후에 아이와 가위바위보를 해요.) You won! You can choose one. Do you want to hold the cards or act out the words?

Ryan: I will act.

Mom: OK. I will hold the cards. I can only see the words on the cards. Pick one card. (엄마는 아이가 카드 한 장을 뽑도록 도와 주세요. 카드를 들고 있는 사람이 단어를 말하면 다른 한 명이 그 단어에 해당하는 동작을 취하는 게임이에요.) Which card did you pick? Oh! It says 'run'! Ryan, run!

Ryan: Run! (아이가 'Run'이라는 단어를 말하며 달릴 수 있도록 해주세요.)

Mom: Good! Ryan, stop running. And pick another card. (아이가 다른 카드를 뽑을 수 있게 도와 주세요.) Oh! It is the card for 'cry'. You should cry!

Ryan: Cry! Boo-hoo! Boo-hoo!

Mom: Hahaha! Good job!

 카드를 두 번 뽑은 후에는 역할을 바꿔서 게임을 해요. 아이가 아직 알파벳을 읽을 수 없다면 엄마가 스스로 단어를 읽고 단어에 맞는 동작을 해주면 된답니다. 보고 듣는 것만으로도 아이에게는 큰 도움이 될 거예요.

For Catching and Throwing

 함께 읽을 책: Here Are My Hands

 공을 던졌다가 잡고, 걷다가 멈추고, 냄새를 맡고… 우리는 쉴
새 없이 몸의 기능을 사용하며 살아가지요. 오늘은 *Here Are
My Hands*를 읽으며 이전 시간에 배운 우리 몸의 움직임에 대
해 익혀 보는 시간입니다.

Mom: Ryan, I have a ball. I will throw the ball to you. Can
you catch the ball?

Ryan: Yes, I can!

Mom: Good! You know the words 'throw' and 'catch', don't you?

Ryan: Yes!

Mom: Great! Ryan, look at this book. The title is 'Here are my hands'. (아이에게 표지를 보여 주세요.) You can see children on the cover. Oh! The first child must have come from a cold country because he's wearing a fur coat. This girl is wearing a ballet tutu. This girl is wearing mittens and a hat. Oh! She is skating.

 이 책에는 서로 다른 피부색에 서로 다른 옷을 입은 여러 어린이가 등장하고 있어요. 모두 다른 환경에서 다르게 살아왔지만 눈, 코, 입이 있고 손과 발이 있다는 점은 똑같지요.

Mom: Let's turn the page. Look at the picture. This boy has a ball. And he throws and catches the ball like us. Shall we turn the page?

Ryan: Yes.

Mom: The boy shows us his feet. Ryan, can you go to the kitchen on foot? Haha, yes! You can walk on foot. Go around the living room. (아이와 함께 거실 주위를 돌아다녀요.) And stop! (걷다가 갑자기 'stop'이라고 외쳐 주세요. walk 와 stop을 몸으로 익히는 과정이랍니다.) Good! We stopped walking.

Mom: (페이지를 넘겨 주세요.) Ryan, sit down on the sofa. What is this? (머리를 가리켜 주세요.)

Ryan: Ahead.

Mom: Good. I can think and know things by using my head. (검지로 머리를 가리키며 생각하고 고민하는 표정을 지어 주세요.)

Ryan: Think and know.

Mom: (페이지를 넘겨 주세요.) And here is my nose. I can smell and blow with my nose. Ryan, blow your nose.

Ryan: Honk, honk!

Mom: Haha, good job! Let's turn the page. The boy is looking at us. We can see and cry with our eyes. (페이지를 넘겨 주세요.) This boy has a shell. He is listening to the shell. We can wash our ears and dry them. Whenever we wash our faces, we should wash our ears, too. Don't forget to wash your ears! (페이지를 넘기며 걱정스러운 목소리로 읽어 주세요.) Oops! This boy fell down. He is crying. His knee is hurt. (한 장 더 넘겨 주세요.) Aha! He is having his hair cut. Look at the boy. He turns his neck. Ryan, can you turn your neck?

Ryan: Yes, I can do it.

지난 번에 *From Head to Toe*를 읽으며 배웠던 표현이라는 점 눈치채셨나요? 이렇게 함께 배운 표현들을 다른 그림책을 읽을 때나 일상 생활에서 장난스럽게 물어보고 활용해 보세요. 틀릴 때도 있고 모를 때도 있겠지만, 여러 번 반복하는 사이 어느새 우리 아이 표현이 되어 있을 거예요.

Mom: Yes, me too. (고개를 좌우로 돌려 주세요.) Let's turn the page. This girl has a heart shape. And she points at her cheek. Now I will kiss you on your cheek. Smack! Hahaha, you blushed.

Ryan: No! I don't blush.

Mom: OK. You're right. Can you kiss me on my cheek?

Ryan: OK. Smack.

Mom: Wow! I love you my little baby, Ryan. (아이를 꼬옥 안아 주세요.) Let's turn the page. Haha! This boy shows us his teeth. When do we use our teeth?

Ryan: When we eat!

Mom: Excellent! Did you like the book? Do you want to read it one more time?

Ryan: Yes, one more time!

 이 책을 읽고 난 후에는 아이와 틈틈이 퀴즈 놀이를 해보세요. 포옹을 하고 뽀뽀를 할 때, 신호등을 보고 노래를 들을 때 우리가 몸의 어느 부분을 쓰고 있는지 물어봐 주시면 된답니다.

집에 있는 사물들 1

우리 집 가구에 이름표를 붙여요

 준비물: 종이, 펜, 스카치테이프

 우리가 매일매일 생활하는 공간에는 생각보다 많은 물건들이 있지요. 오늘은 우리가 매일 쓰고 마주하는 집안의 물건을 익혀 볼 거예요. 몇 가지 가구 이름에 익숙해진 뒤에는 아이가 먼저 "엄마 이건 영어로 뭐라고 해?"라고 물어보는 기쁨을 누릴 수 있을 거예요.

Mom: Ryan, I am bored. Let's do something!

Ryan: Can you draw a dragon for me?

Mom: Well, you know I can't draw pictures well. Oh! I will write some words on these cards instead.

Ryan: OK.

Mom: (종이를 잘라 여러 장의 카드를 만들어 주세요. 카드 위에 단어를
쓰고 아이에게 단어에 맞는 가구를 그려 달라고 부탁해 주세요.)
Ryan, look at this piece of furniture. What is this?

Ryan: A chair.

Mom: Yes, it is a chair. So I will write the words: a chair.
Now can you draw a chair under the words?

Ryan: Yes, I can do it!

Mom: Well done! Ryan, this is an armchair. ('armchair' 사진
을 보여 주며 양옆에 팔받침이 있는 크고 편안한 의자라고 설명
해 주세요.) It is different from a normal chair. (카드에 'an
armchair'라고 적어 주세요.) Draw an armchair under the
words, Ryan.

Ryan: Sure.

Mom: The next piece of furniture is a sofa. There are many
different chairs in a house. (카드 위에 'a sofa'라고 적어 주
세요.) Now you can draw a picture of a sofa.

Ryan: Yes. A sofa!

Mom: And we have a roof on the house. I will show you
what a roof is. (지붕을 그려 아이에게 보여 주세요.) Now you
know what a roof is. (지붕 그림 아래 'a roof'라고 적어 주세요.
아이와 함께 적으면 더 좋아요.)

 똑같이 'chair'라는 단어를 배우더라도 우리 아이가 자주 쓰는

의자를 예로 들어 설명해 주시면 아이가 더 즐겁게 배운답니다. 스크립트에 나오는 가구 말고도 집에 있는 여러 가구의 단어 카드를 만들어 주시는 것도 좋아요!

Mom: Ryan, now let's go to the kitchen. (부엌에 뭔가 재밌는 것이 있는 듯한 표정을 지으며 이동해 주세요.) What is this, Ryan?

Ryan: A table!

Mom: Yes, it is a table. And these are kitchen chairs. How many kitchen chairs are there?

Ryan: Four.

Mom: Good! There are four kitchen chairs in the kitchen. And look at these. (아이에게 주방 용품을 하나씩 보여 주고 만져 보게 해 주세요.) They are pots, pans, silverware and dishes. (아이와 함께 카드 위에 단어를 적어 주세요.) And then Ryan, can you draw them under the words?

Ryan: Yes, I can do it.

Mom: Excellent! Now shall we go the bedroom?

Ryan: Yes! (아이를 데리고 안방으로 가 주세요.)

Mom: Ryan, what is this?

Ryan: It is a bed.

Mom: Yes, it is a bed. Let's write the words on the card. Please draw a bed under the words.

Ryan: OK.

Mom: Thank you, Ryan. Now I will show you a rug. (화장실

문 앞에 놓여 있는 러그를 가리켜 주세요.) And I will write the words. Draw a rug, please.

Ryan: OK.

Mom: Good. Ryan, let's go to the living room. What are these? They can cover the sunlight.

Ryan: Curtains.

Mom: Good! Yes, they are curtains. (단어 카드 위에 'curtains'라고 써 주세요.) Look at this word. I wrote the word 'curtains'. Can you draw a picture?

Ryan: Yes.

Mom: Well done!

이제 아이와 함께 만든 단어 카드를 우리 집 가구에 붙여 볼 거예요. 단어 카드와 테이프를 들고 집안 곳곳을 돌아다니며 카드를 붙여 주세요.

Mom: Can you stick the card on the chair?

Ryan: Yes, I can do it.

Mom: Excellent!

엄마는 아이가 새로운 카드를 붙일 때마다 큰 목소리로 가구 이름을 반복해 주세요. 이제 우리 아이가 일상 생활을 할 때마다 자연스럽게 가구의 이름을 읽고 말할 수 있어요!

To the Memory of My Mother

📝 함께 읽을 책: A Chair for My Mother

베라 윌리엄스의 그림책 *A Chair for My Mother*는 다양한 가구 이름을 익히기 좋은 책이에요. 따뜻한 줄거리와 사랑스러운 그림으로 칼데콧 아너 상을 비롯해 여러 그림책 상을 받기도 했답니다.

Mom: Ryan, come here and look at this book. Can you see these people? (표지 위의 사람들을 가리켜 주세요.) What are they doing?

Ryan: Eating.

Mom: Good! They are eating food. (아이스크림을 먹고 있는 소녀를 가리켜 주세요.) This girl is eating an ice cream cone. (계란프라이를 가리켜 주세요.) We can also see fried eggs. (연두색 가방을 메고 있는 소녀를 가리켜 주세요.) Ryan, I think this girl is the main character. The title is 'A Chair for My Mother'. (페이지를 넘겨 주세요.) Ah! The name of this restaurant is 'Blue Tile Diner'. The girl's mother works here.

소녀는 식당에서 일하는 엄마를 도와 용돈을 벌어요. 그런데 왜인지 이렇게 번 돈의 반을 커다란 유리병에 넣습니다. 할머니와 엄마도 쓰고 남은 잔돈을 유리병에 넣어요. 세 가족은 왜 유리병에 돈을 넣는 걸까요?

Mom: She puts half of her money into the jar. (다음 페이지로 넘겨 주세요.) Let's turn the page. Her mother and grandmother put their coins into the jar, too. Do you know why she saves money?

Ryan: I don't know.

Mom: (페이지를 넘겨 주세요.) Look at this armchair. (armchair는 일반 의자보다 크고 편안한 의자라는 점을 떠올리게 해 주세요.) It looks very comfortable. She wants to buy a chair, a wonderful, beautiful, fat, soft armchair. Why does she want to buy an armchair?

Ryan: I don't know

Mom: (페이지를 넘겨 주세요.) That's because their armchairs burned up. That's too bad! Shall we turn the page?

Ryan: Yes.

Mom: Her mother and her were coming home from buying new shoes. (페이지를 넘겨 주세요.) Suddenly, they saw lots of smoke. Tall orange flames came out of the roof. You know what a roof is.

책읽기 전 활동에서 함께 배운 단어가 나오면 아이 스스로 무슨 뜻인지 떠올릴 수 있도록 기다려 주세요. 아이가 정답을 맞혔다면 많이 많이 칭찬해 주세요.

Mom: (페이지를 넘겨 주세요.) Everything in her whole house was ruined. I am so sad. You are also sad, aren't you?

Ryan: Yes, I am sad.

Mom: They moved into the apartment downstairs. What will happen next? (궁금한 표정으로 페이지를 넘겨 주세요.) Wow! There are a lot of people. They are holding some things. Aha! These people are helping the girl's family.

소녀 가족이 쓰던 가구들은 모두 타 버렸지만 다정한 이웃들이 새로운 가구를 선물해 주었어요. 지난 시간에 아이와 익힌 가구 이름이 잔뜩 등장하는 부분이에요. 하나씩 돌아가며 또박또박 읽어 주세요.

Mom: They are carrying a table and chairs. (침대를 옮기고 있
는 남자를 가리켜 주세요.) Ryan, look at this man. He is
bringing a bed. (깔개를 들고 있는 남자를 가리켜 주세요.) This
man has a beautiful rug. (커튼을 들고 있는 여자를 가리켜 주
세요.) And this woman is holding curtains. (냄비와 프라
이팬을 갖고 있는 남자를 가리켜 주세요.) Those are pots and
pans. Shall we turn the page?

Ryan: Yes.

 이웃들의 도움으로 소녀의 집이 한층 따뜻해 보이네요. 하지
만 힘들게 일하는 엄마와 지치고 나이든 할머니가 편하게 쉴
수 있는 안락의자는 아직 없어요.

Mom: Oh! Look at this jar! It is filled with coins. So they want
to buy a comfortable armchair. Can they buy a new
armchair?

Ryan: Yes!

Mom: Right! (페이지를 넘겨 주세요.) The bank exchanged their
coins for ten-dollar bills. (페이지를 넘겨 주세요.) Finally
they found the chair they were all dreaming of.

Ryan: I see.

Mom: Let's turn the page. (마지막 페이지를 펼쳐 주세요.) They set
the chair right beside the window with the red and
white curtains. The girl sits with her mother and she
falls asleep in her mother's lap. Wow! The story ends

with a happy ending. I am happy.

Ryan: Me too!

 *A Chair for My Mother*은 작가인 베라 윌리엄스의 어린 시절이 녹아 있는 작품이에요. 가난했지만 행복했던 어린 시절을 만들어 준 엄마에게 선물하는 마음으로 쓴 책이라니, 안 그래도 따뜻했던 마음이 더 뭉클해지죠? 책을 읽고 나면 우리 아이를 꼭 안아 주고 싶어진답니다.

꿈 이야기하기 1

내 꿈은 슈퍼스타예요!

 준비물: 선글라스, 장난감 마이크, 장난감 기타, 스카프 2개, 장난감 청진기, 장난감 주사기,

 오늘의 주제는 여러 가지 직업이에요. 꼭 스크립트에 나온 소품이 아니어도 좋아요. 아이의 흥미를 돋울 수 있는 소품이라면 무엇이든 자유롭게 준비해 주세요. 언젠가 우리 아이가 오늘 배운 직업 중 하나를 갖게 될 수도 있다고 생각하니 심장이 두근두근거리지 않나요?

Mom: Ryan, let's do some role playing. (준비한 소품을 아이 앞에 펼쳐 주세요) Look at these. I have sunglasses, a microphone, a toy guitar, two scarves, a toy stethoscope, a toy syringe, a toy fire engine, a toy gun, a ladle and a frying pan. Wow! There are a lot of things to roleplay with!

Ryan: Yay!

Mom: Ryan, you will be a film-star, first. So, what do you need?

Ryan: I don't know.

Mom: You need sunglasses. (아이에게 선글라스를 씌워 주세요.) Wow! You look like a real film-star. Now I will be a reporter. You are at the airport now. "Hello, Mr. Ryu. where are you going?"

Ryan: America.

Mom: Why are you going to America?

Ryan: For a movie.

Mom: Oh! You appear in American movies, don't you? I am your biggest fan. Can you take a picture with me?

Ryan: Yes! (슈퍼스타를 만난 듯한 표정을 지으며 아이와 함께 사진을 찍어 주세요.)

Mom: Haha! I am a reporter and a fan. Next, you will be a singer. Do you like it? (아이에게 장난감 기타와 마이크를 건네 주세요.) Can you sing like a singer?

Ryan: Yes, I can.

Mom: OK. You are a famous singer. (노래 부르는 아이의 모습을 찰칵찰칵 찍어 주세요.) Ryan, the next job is a wrestler. We are going to have a Korean wrestling bout, 씨름. You have seen a 씨름 match. (아이 허리에 스카프를 두르고 묶어 주세요.) Look at us! We look like wrestlers. (아이와 씨름 시합을 시작해 주세요.) Oh! Ryan! I got hurt! (넘어져서 다친 시늉을 해 주세요.) Ryan, can you be a doctor for me?

Ryan: OK. (장난감 청진기와 주사기를 아이 옆에 준비해 주세요.)

Mom: You can say 'You need to get a shot'. Can you repeat that?

Ryan: You need to get a shot.

Mom: (진짜로 주사를 맞는 것처럼 얼굴을 찡그려 주세요.) Wow! Now I'm fine! Thank you, doctor!

역할극을 할 땐 엄마도 즐기며 놀아 주는 게 중요해요. 엄마의 실감난 연기는 아이가 역할극에 더 몰입할 수 있게 해주니까요! 아이들은 엄마의 기분을 오롯이 느낀답니다.

Mom: Now I will be a fire fighter. And you will be a police officer. What does a police officer need?

Ryan: A gun!

Mom: Yes, you need a gun. I'm a fire fighter so I need a fire engine. Oh! Look at that building! A villain set fire to the building and ran away. I'll put out the fire and you'll chase after the villain. Nee-nor! Nee-nor! (악당 이 지른 불을 황급히 끄는 연기를 해 주세요.) Ryan, If you find the villain, you can say 'Don't move!'

Ryan: Don't move!

Mom: Phew! I have put out all of the fire. Did you catch the villain?

Ryan: Yes!

Mom: OK. Now we are hungry. Let's go and eat something. (아이에게 국자와 프라이팬을 주세요.) Oh! Hello Mr. Chef! I'm very hungry. Can you cook something for me?

Ryan: Yes!

Mom: I like steak. Please make me a delicious steak.

Ryan: Yes, here it is.

Mom: Wow! It looks good! Thank you. (스테이크 먹는 연기를 해 주세요.) It is very delicious. You are a fantastic cook!

세상에는 셀 수 없이 많은 직업이 있고, 우리 아이들은 무엇이든 될 수 있지요. 영어 공부는 그 길 앞에 더 많은 선택지를 열어 주는 일이라고 생각해요.

엄마표 영어가 저절로 되는 건 아니에요. 하지만 엄마가 노력하는 만큼 아이는 반드시 성장한답니다.

느리지만 분명하게요.

What Do You Dream About?

 함께 읽을 책: **Willy the Dreamer**

*Willy the Dreamer*는 앤서니 브라운의 윌리 시리즈 중 하나로, 앤서니 브라운의 자유로운 상상력과 재기발랄한 유머감각이 돋보이는 작품이에요. 한국어로 '꿈'이 두 가지 의미를 갖고 있는 것처럼 영어도 마찬가지예요. 서로 다른 언어권이지만 비슷한 생각을 공유한다는 것이 신기하죠?

Mom: Ryan, come here. Sit next to me. You remember what we did last time? We played some roles, Right?

Ryan: Yes!

Mom: So, today I am going to read a book about jobs. Look at this book. Wow! The picture of the cover is funny. A gorilla is sitting on the armchair. The armchair looks very comfortable. The armchair even flies over the sea.

 A Chair for My Mother 기억하시나요? 가족들이 힘을 합쳐 모은 돈으로 크고 안락한 'armchair'를 사는 내용이었죠! 영어 그림책을 읽다 보면 한 번 배운 단어를 다른 그림책에서 만나는 일이 많답니다. 그림책 읽는 양이 늘어날수록 아이의 영어 실력이 가파르게 성장하는 이유지요.

Mom: Let's read aloud the title. 'Willy the Dreamer'. Ah! The gorilla is dreaming now. Shall we turn the page?

Ryan: Yes!

Mom: This is Willy. He is sleeping. Yes, he dreams. I like this pink armchair. (페이지를 넘겨 주세요) Aha! Willy dreams that he's a film-star. We can see some characters in the movies. Dracula, Frankenstein's monster, the Cowardly Lion, the Scarecrow, the Tin Woodsman, Charlie Chaplin and others. They are very famous characters in the movies. Willy is a film-star.

Ryan: A film-star.

Mom: He is a singer on the right page. He looks like Elvis Presley, a very popular singer. Haha! Look at this microphone, Ryan. It's a banana. Let's turn the page.

Oh! Willy is a wrestler now.

Ryan: A wrestler.

Mom: (오른쪽 페이지의 발레리노를 가리켜 주세요.) Willy dreams that he's a ballet dancer. (페이지를 넘겨 주세요.) Wow! The next job is a painter. He is painting something. But it is not a picture.

 놀랍게도 윌리가 그리고 있는 건 그림이 아니에요. 고릴라 얼굴을 한 비너스 조각상을 그리고 있지요. 실은 조각상이 아니라 입체적인 그림인 걸까요? 그렇다면 윌리는 그림 속에 들어가 그림을 그리고 있는 걸까요?

앤서니 브라운의 작품은 항상 이렇게 놀랍고 신기한 상징으로 가득하답니다. 초점을 달리해서 읽을 때마다 숨겨진 의미를 찾는 재미가 쏠쏠해요.

Mom: There are some famous pictures on the wall. He is smoking a banana instead of a pipe. Willy is a painter.

Ryan: A painter.

Mom: There is a jungle on the right page. What is Willy's job now? I think he's an explorer.

Ryan: An explorer?

Mom: He explores the jungle to find interesting things.

Ryan: Adventure!

Mom: Yes, that's right! The next job is a famous writer. Ryan, take a look at the picture. You know the story 'Alice's

Adventures in Wonderland'. ('이상한 나라의 앨리스'라고 한
글로도 말해주세요.)Did Willy write this story?

Ryan: No!

Mom: I am not sure! He dreams that he's a writer.

Ryan: A writer.

Mom: (오른쪽 페이지의 스쿠버 다이버를 가리켜 주세요.) The next
job is a scuba-diver. Oh! He is scared because of a big
shark. There are two banana fish. It's funny. Shall we
turn the page?

Ryan: OK.

Mom: Aha! Willy dreams that he can't run. It is not about a
job. Look at Willy's feet. They are strange. So he can't
run. (오른쪽 페이지에 윌리가 날고 있는 장면을 가리켜 주세요.)
But he can fly on the right page.Wow!

 윌리는 직업에 관한 꿈 말고도 여러 가지 꿈을 꿉니다. 거인처
럼 무지무지 커졌다가 콩알만큼 작아지기도 하고요. 거지가
되었다가 왕이 되기도 하지요.
이 부분은 영어 표현에 집중하기보다 아이가 그림에 푹 빠져
읽을 수 있도록 배려해 주세요. 우리 아이 상상력이 자라는 시
간이랍니다.

Mom: (마지막 페이지로 넘겨 주세요.) Look at the last page. He
opens one of his eyes. He wakes up from sleep.

마지막 페이지에서 윌리는 첫 페이지랑 똑같이 분홍색 안락
의자에 앉아 장난스러운 표정으로 독자를 바라봅니다. 그런데
뭔가 이상하지 않나요? 우리 아이와 함께 첫 페이지와 다른 점
을 찾아 보세요.

Mom: We talked about jobs. Ryan, what do you want to be
when you grow up?

Ryan: A police officer!

Mom: Oh, you want to be a police officer?

Ryan: Yes, I want to be a police officer.

Mom: That's wonderful!

 어디로 튈지 예상할 수 없는 윌리의 꿈은 우리 아이들의 행복
한 미래를 상상하게 만듭니다. 그야말로 꿈을 꿀 수 있는 아이
로 자라게 해주는 소중한 그림책이네요!

공기는 그리지 않아도 괜찮아

📋 **준비물: 달력, 색종이, 색연필, 풀, 가위, 긴 끈**

그림책 영어 놀이를 알게 된 후 가장 좋았던 건, 영어와 독서라는 두 마리 토끼를 모두 잡을 수 있다는 점이었어요. 요즘 아이들은 자연에서 뛰어 놀 기회가 많이 없는데요, 이렇게 자연의 소중함을 다룬 책을 읽어 주며 그나마 다행스러울 때가 많았답니다.

Mom: (A1 크기의 종이 한 장과 크레용을 준비해 주세요.) Ryan, look at this large paper.

Ryan: Wow! It is very big.

Mom: Yes, it is. We will make a big circle with this paper. (가장자리를 조금만 오려 내 커다란 동그라미를 만들어 주세요.) Ryan, the circle is the Earth. Now we will draw the nature of the Earth. First let's draw a mountain.

Ryan: OK.

Mom: What color do you want?

Ryan: Green and light green. (아이와 함께 산을 그려 주세요.)

Mom: Good. Let's draw some trees and flowers on the mountain.

Ryan: OK. (산 위에 나무와 꽃들을 그려 주세요.)

Mom: Well done. Next, let's draw valleys. Ryan, you like 계곡, right? (아이가 모르는 단어는 한글로 반복해 주세요.) And, Ryan, do you know what a plain is? A plain is a large flat area of land.

Ryan: Like a field

Mom: Yes, like a big field. What color do you want?

Ryan: Yellow. (아이와 함께 평야를 그려 주세요.)

Mom: Good. And let's draw deserts. A desert is very hot land. There is almost no rain, water, trees or plants. What color do you want?

Ryan: Brown.

Mom: That's a good idea. (아이와 함께 사막을 그려 주세요.) What will we draw next? Shall we draw the lakes and rivers?

Ryan: OK.

Mom: A lake is a large area of fresh water. The water in the lake doesn't flow. A river is a large amount of fresh water. The water in the river goes to the sea. It is amazing, isn't it? (호수와 강을 그리며 그 차이를 설명해 주세요.) Oh! Ryan, let's draw and color the sea.

Ryan: OK.

Mom: Blue is good for the sea. (아이와 함께 바다를 그려 주세요.)
Do you want to draw some sea creatures such as fish?

Ryan: Yes!

Mom: OK. You can draw anything you want. What will we draw next? Ryan, do you know there is air around us?

Ryan: Air?

Mom: Yes. We can't breathe without air. But we can't see the air or smell it.

Ryan: Then how can I draw it?

Mom: Haha! You don't have to draw the air!

 지구에 있는 자연물을 다 그렸다면 종이의 남은 부분에 달과 태양도 그려 주면 좋아요. 다 완성한 지구, 달, 태양은 아이가 주로 생활하는 공간에 붙여 주세요. 우리 집 안의 작은 우주가 될 거예요.

The World in Our Hands

 함께 읽을 책: Whole World

크리스토퍼 코어가 지은 *Whole World*는 함께 살아가는 것의 의미를 알려 주는 작품이에요. 이런 책을 읽고 자란 우리 아이들은 자연의 소중함을 마음 한쪽에 간직하며 살아가게 되지 않을까요?

Mom: Ryan, it's time to read a book. See this? Many people are holding hands with each other on the Earth. What is the title? It is 'Whole World'. (페이지를 넘겨 주세요.) There are people from many countries around the world. It is the whole world. (한 페이지 더 넘겨 주세요.) What can you see in the picture?

Ryan: The sun and the moon.

Mom: Yes! There is the sun and the moon. And many people are standing around them. The sun has eyes, a nose and a mouth. The moon also has eyes, a nose, and a mouth.

 해도 달도 우리처럼 눈코입을 가지고 있네요. 피부색도 표정도 생김새도 서로 다른 친구들처럼요. 자연이 우리 곁을 지키는 친구라면 오래오래 더불어 살아가는 노력도 당연하다는 생각이 들어요.

Mom: (페이지를 넘겨 주세요.) Oh! There are mountains and valleys. Birds are flying over the mountains. Where are they going?

Ryan: To the sun.

Mom: Aha! Yes, they are going to the sun. Let's turn the page. There are plains. We can see some plants. Look at the deserts. There are no trees. The sun looks very hot. Ryan, shall we turn the page?

Ryan: OK.

Mom: We can see lakes and rivers. Water flows from the mountains through the rivers to the sea. The water in the lake doesn't flow. (이전에 배운 것을 상기시키며 반복해

주세요.) What is next?

Ryan: Trees and flowers!

Mom: Great! And many people are playing with them. All the trees and flowers look different. Take a look at them. Am I right?

Ryan: Yes.

 꽃도 나무도 저마다 다르게 생겼지요. 태양과 달, 나무와 꽃, 산과 계곡, 평야와 사막, 호수와 강이 모두 저마다의 의미와 역할을 갖고 있다는 사실을 깨닫게 하는 장면이에요.

Mom: Let's turn the page. Oh! We can't see air. But there is air around us. Birds are flying in the air. And many people are holding hands with one another. Shall we turn the page?

Ryan: Yes.

Mom: Wow! It is the sea. There are a lot of fish in the sea. Some people are swimming in the sea. And they are playing with the fish. Shall we turn the page?

Ryan: Yes.

Mom: OK. Oh! What are these? They are towns and cities. They are different from nature. People build towns and cities. People can live in the towns and cities. It is the whole world.

Ryan: It is the whole world.

Mom: The world is full of beautiful things. I think we should learn how to keep it clean and beautiful. Don't you think, Ryan?

Ryan: I'll do 환경보호!

Mom: That's my boy!

 이 책은 처음부터 끝까지 "*We've got the whole world in our hands.*"라는 문장에서 주어와 목적어만 바뀌며 반복되고 있답니다. 온 세상이 우리 손 안에 있기 때문에 오히려 소중히 여기고 아끼려는 마음이 꼭 필요한지도 모르겠네요.

우리 동네 소개하기 1

나는야 우리 동네 탐험가

📋 **준비물: 달력, 색종이, 색연필, 풀, 가위, 긴 끈**

수업 전에 아이와 함께 동네를 구경해 보세요. 매일 보지만 무심하게 지나쳤던 가게와 관공서를 하나하나 꼼꼼히 살펴보고, 어떤 건물인지 아이에게 설명해 주세요.

Mom: Ryan, we looked around our neighborhood yesterday. We saw people, cars, and stores. What else did you see?

Ryan: A bakery!

Mom: Yes, we saw a bakery. And I saw a cafe and a

laundromat. When we went to a main street, we saw a
bank. Ryan, do you want to make our town?

Ryan: Yes!

 이제 본격적으로 우리 마을 입체 지도를 만들어 볼까요? 커다
란 종이를 마루에 깔고 큰길과 골목을 그려 주세요. 그 다음엔
마을의 건물이 되어 줄 다양한 크기의 약 상자를 준비해 주세
요. 그중 조금 큰 상자 하나를 골라 'house'라고 쓴 뒤 오른쪽
끝에 붙여 주세요.

Mom: This is our house.

Ryan: Our house!

Mom: Good! What do we make next?

Ryan: A clothing store.

Mom: Yes, when we go straight, we can see a clothing store.
(큰길 모퉁이에 상자 하나를 붙이고 'Clothing store'라고 써 주세
요.) Across from the clothing store, there is a cinema.
(옷가게 건너편에 좀 더 큰 상자를 붙이고 'Cinema'라고 써 주세요.)
What is next to the cinema?

Ryan: A gym.

Mom: Good job! There is a gym next to the cinema. (cinema
옆에 상자를 붙이고 'Gym'이라고 써 주세요.) Ryan, I want to
make a bakery. Can you choose the box?

Ryan: The brown box.

Mom: OK. Good choice! (아이가 고른 갈색 상자를 큰길 끝에 붙이

고 'Bakery'라고 적어 주세요.) Oh! Ryan! There is a toyshop next to the bakery. Which box do you want?

Ryan: The thin box.

Mom: OK. (bakery 옆에 얇은 박스를 붙여 주세요. 이번에는 아이가 'Toyshop'이라고 쓸 수 있게 도와 주세요.) And Ryan, you like to go to the playground, don't you?

Ryan: Yes.

Mom: Can you show me where the playground is?

Ryan: Here.

Mom: Here? OK. Um, the playground is the largest place in our town. (놀이터를 만들 땐 조금 더 큰 상자가 필요해요. 상자의 옆면과 뚜껑을 잘라내고 바닥만 붙여 주세요.) Wow! We made our town! Could you tell me what they are?

Ryan: This is our house and there is a clothing store.

Mom: Wow. What else?

Ryan: A cinema, a gym, a bakery, a toyshop, and a playground! (아이가 가게 이름을 말해 볼 수 있도록 기다려 주세요.)

 성장한다는 건 나를 중심으로 돌아가던 생각이 가족으로, 친구들로, 우리 마을로 점점 커지는 일이지요. 어느새 이만큼 큰 우리 아이가 너무너무 기특하지 않나요?

우리 동네 소개하기 2

On Friday, Toyshop

 📖 함께 읽을 책: Bear about Town

 스텔라 블랙스턴이 만든 곰 시리즈는 날씨, 모양, 직업, 가족 등 다양한 주제를 다루고 있어 기본적인 영어 어휘를 재밌게 배우기에 좋은 책이에요. 그중 *Bear about Town*은 요일과 장소를 주제로 쓰였답니다. 날마다 다른 장소에 가는 귀여운 곰 돌이를 따라가다 보면 어느새 요일과 장소를 익힐 수 있어요.

Mom: Ryan, come here please. I have a book for you. Wow! There is a cute bear on the cover of the book. Look at this bear. What does he have?

Ryan: Flowers and bread.

Mom: Yes! The title of this book is 'Bear about Town' by Stella Blackstone. Ryan, we made our town. The bear is going to the town. (페이지를 넘겨 주세요) Oh! I see! The bear goes to town every day. Monday, Tuesday, Wednesday, Thursday, Friday, Saturday and Sunday. This is his house, Honey House. So there are bees and flowers. Oh! He has a basket, but the basket is empty now. He is going to the town. (오른쪽에 있는 마을을 가리켜 주세요) Ryan, you can see the town, can't you?

Ryan: He is going to the town.

Mom: (페이지를 넘겨 주세요) He meets his neighbor. Let's turn the page. Wow! Take a look at this store. Ryan, do you remember what this store is?

Ryan: A bakery!

Mom: Yes, it is a bakery. We can buy pastries here. (페이지를 넘겨 주세요)

 'On 요일, He goes 장소' 구문이 반복되고 있어요. 월화수목금토일이 차례대로 나오기 때문에 183쪽에서 함께 읽었던 에릭 칼의 *Today is Monday*와 엮어 읽기도 좋은 책이랍니다.

Mom: He goes to the swimming pool on Tuesday. Can you repeat after me? A swimming pool.

Ryan: A swimming pool.

Mom: The bear is wearing a striped swimsuit. Where does he go next? Let's turn the page. On Wednesday, he goes to the cinema. He watches a film. Where does he go on Wednesday?

Ryan: The cinema.

Mom: Good! Shall we turn the page?

Ryan: Yes!

Mom: He goes to the gym. Where does he go?

Ryan: The gym!

Mom: Yes. He is exercising now. Other bears are also exercising hard. Let's turn the page. Where is this place?

Ryan: A toyshop!

Mom: Yes! A toyshop! He goes to the toyshop. There are a lot of toys here. Ryan, which toy do you like best?

Ryan: The dinosaur!

Mom: You like dinosaurs, don't you? You can say 'I like dinosaurs'.

Ryan: I like dinosaurs.

Mom: Excellent! You can buy a dinosaur doll at the toyshop. Where can you buy a dinosaur doll?

Ryan: At the toyshop.

Mom: Good! Let's turn the page. Wow! The bear goes to the park. He is eating ice cream. It looks yummy. Many bears are playing in the park. Where is this place?

Ryan: The park.

Mom: Good! Let's turn the page. Haha, he goes to the playground on Sunday. They like to play at the playground like you. (다음 페이지로 넘겨 주세요.) They play all together! Where does he go on Sunday?

Ryan: The playground!

Mom: Good job! Let's turn the page. Ryan! Look at the picture. There is a town map in the picture. We also made a map of our town.

Ryan: Yes!

Mom: Let's read the book again. (아이에게 책을 다시 읽어 주세요.)

마지막 페이지에는 곰 마을의 지도가 한눈에 펼쳐진답니다. 우리 마을 지도와는 어떻게 다른지 비교해 보는 것도 좋고, 곰돌이가 요일마다 어디를 갔는지 다시 떠올려 보기도 좋아요.

로봇이 어디에 있지?

 준비물: 상자, 장난감, 주사위, 전치사 카드

주사위 놀이를 하며 다양한 위치 전치사를 배워 볼 거예요. 주사위에 붙인 단어를 한눈에 알아볼 만큼 큰 주사위가 필요해요. 그리고 장난감이 들어갈 수 있는 크기의 상자와 6개의 전치사 ─ *in, under, on, behind, across, past* ─ 가 적힌 카드를 준비해 주세요.

Mom: Ryan, what are you doing? Shall we play dice?

Ryan: Yes!

Mom: If you win the game, I will give you this toy robot.

Ryan: Wow!

Mom: First, mommy will put the robot in the box. In the box! (단어 'in'을 큰 목소리로 강조해 주세요.) Where is the robot?

Ryan: In the box.

Mom: Good! It is in the box. (6개의 전치사를 적어 둔 카드를 펼쳐 보여 주세요.) Ryan, can you choose a card with the word 'in' on it? (아이가 맞는 전치사를 고를 수 있도록 도와 주세요.)

Ryan: This one!

Mom: Well done! ('in'이라고 적힌 카드를 주사위 위에 붙여 주세요.) Next I will put the robot under the box. ('under'를 강조해서 크게 발음해 주세요.) Where is the robot? It is under the box!

Ryan: Under.

Mom: Yes, you can say 'It is under the box'.

Ryan: It is under the box. (아이가 완성된 문장을 구사하면 칭찬 세례를 퍼부어 주세요.)

Mom: Excellent! ('under'라고 쓰여 있는 카드를 주사위 다른 면에 붙여 주세요.) Look at me, Ryan. Now I will put the robot on the box. ('on'을 강조하며 로봇을 상자 위에 올려 주세요.) Where is the robot? It is on the box!

Ryan: On the box.

Mom: Good. It is on the box. ('on'이라고 적힌 카드를 주사위에 붙여 주세요.) And I put the robot behind the box. ('behind'를 크고 분명하게 말해 주세요.) Where is the robot?

Ryan: Behind the box.

Mom: Well done! It is behind the box. (아이에게 'behind'라고 적힌 카드를 찾아 보게 해주세요. 마찬가지로 주사위 빈 면에 붙여 주세요.) Now look carefully, Ryan. I will move the robot across the box. (상자를 가로지르며 로봇을 이동해 주세요. 'across'를 강조해 주는 것도 잊지 말아 주세요.) I will do it again. I move the robot across the box. Where is the robot?

Ryan: Across the box.

Mom: Yes, it is across the box from you. ('across'라고 쓰여 있는 카드를 주사위에 붙여 주세요.) And I will move the robot past the box. (로봇이 상자를 지나가도록 움직여 주세요. 'past'는 크고 분명하게 발음해 주세요.) I will do it again. Listen carefully, Ryan. I move the robot past the box. Where is it?

Ryan: Past the box.

Mom: Excellent! It is past the box. ('past' 카드를 주사위 마지막 면에 붙여 주세요.) Now, we are ready for the game. Ryan, you go first. Roll the dice. (아이에게 주사위를 굴리도록 해주세요.) Yes! What is the word? (아이가 주사위의 단어를 읽을 수 있게 도와 주세요.)

Ryan: Past!

Mom: Aha! It is 'past'. Do you remember? Now I will ask you a question. Where is the robot?

Ryan: I see. It is past the box. (아이가 전치사 의미에 맞게 로봇을

움직이는지 확인해 주세요.)

Mom: Excellent! It is my turn. (이번에는 엄마가 주사위를 굴려 보세요.) It is 'under'. Ryan, can you help me? I will say the answer. And then put the robot in the right place, please.

Ryan: OK.

Mom: It is under the box. (아이가 엄마가 말한 단어에 맞게 로봇을 이동하도록 도와 주세요.) Wow! You're right. Thank you, Ryan.

 아이가 6개의 전치사에 모두 익숙해질 때까지 주사위 놀이를 이어가면 된답니다. 주사위 놀이가 끝나면 아이가 장난감을 갖고 자유롭게 놀 수 있는 시간을 선물해 주세요. 영어가 공부로 느껴질 때 아이들은 눈과 귀를 닫는답니다.

Over the Haystack

 함께 읽을 책: Rosie's Walk

팻 허친스가 쓴 *Rosie's Walk*는 암탉 로지의 저녁 산책을 다룬
내용이에요. 이곳저곳 구경하기 좋아하는 로지 덕분에 아이들
에게 장소와 전치사를 가르칠 때 가장 많이 읽는 책이기도 하
지요.

Mom: Oh! Look at this book. I can see a fox and a hen on
the cover of the book. Ryan, you are curious about
this, aren't you?

Ryan: Yes.

Mom: Then come here. I will read this picture book. The title of the book is 'Rosie's Walk'. The hen is taking a walk. And a fox is following the hen. (페이지를 넘겨 주세요) Look at the picture, Ryan. Where is the fox?

Ryan: Under the hen house.

Mom: Great! the fox is under the hen house. Rosie is going for a walk. Look at Rosie. She doesn't know the fox is looking at her. Watch out, Rosie! Can you say that with me?

Ryan: Yes! Watch out, Rosie!

Mom: (엄마는 페이지를 넘겨 주세요) Rosie walks across the yard. ('across'를 강조해서 발음해 주세요) Oh! The fox is jumping to eat Rosie. Let's turn the page. Haha! The fox stepped on the rake and bumped his head. Shall we turn the page?

Ryan: Yes.

Mom: Rosie doesn't know what is happening. Rosie walks around the pond. ('around'를 강조해서 크게 말해 주세요) Oh! The fox is jumping again. (페이지를 넘겨 주세요) Splash! The fox falls in the pond. Haha, Rosie still doesn't know.

아이들이 왜 그렇게 이 책을 좋아하는지 눈치채셨나요? 평화로운 글 내용과 대조적으로 암탉을 잡아먹으려다 번번이 실패하는 여우의 모습이 재미와 반전을 더해주고 있어요. 글과 그림의 관계 안에서 더 다양한 이야기를 읽어 낼 수 있는 것도 그림책의 매력이에요.

Mom: (다음 페이지로 넘겨 주세요.) Now Rosie goes over the haystack. ('over'를 강조해 주세요.) Look at the fox! Watch out, Rosie! (페이지를 넘겨 주세요.) Aha! The fox falls in the haystack. Ryan, look at Rosie. Does Rosie know about the fox?

Ryan: No!

Mom: You're right. Rosie still doesn't know about the fox. (다음 페이지로 넘겨 주세요.) Rosie walks past the mill. ('past'에 힘을 주고 읽어 주세요.) Where is the fox?

Ryan: Behind the mill.

Mom: Yes, the fox is behind the mill. (페이지를 넘겨 주세요.) Haha, the flour spilled over the fox. Rosie still doesn't know. (페이지를 넘겨 주세요.) Rosie goes through the fence. ('through'를 강조해서 읽어 주세요.)

처음에는 로지가 여우에게 잡아 먹힐까 조마조마했는데 이야기가 진행될수록 번번이 당하기만 하는 여우가 불쌍하게 느껴집니다. 한결같이 차분한 로지가 조금은 얄밉지 않나요?

Mom: Ryan, can you see where Rosie is? (그림 속 Rosie를 가리켜 주세요.) Rosie goes through the fence. ('through'에 힘을 주고 읽어 주는 거 잊지 마세요!) Oh! The fox is jumping over

the fence. Watch out, Rosie! (페이지를 넘겨 주세요.) Haha!
The fox fell into the wagon. Stupid fox! Rosie keeps
walking. (페이지를 넘겨 주세요.) Oops! The wagon rolled
down the hill and hit the beehives. Oh! The bees are
coming out of the hive. Ryan, where is Rosie?

Ryan: Under the beehives.

Mom: Yes, she is under the beehives. Let's turn the page.
Haha! The bees are chasing the fox. And the fox is
running away. Look at Rosie. She keeps taking a walk.
She still doesn't know what is happening. Shall we
turn the page?

Ryan: Yes.

Mom: Oh! Rosie goes back in time for dinner. Now she is
safe. Ryan, where is Rosie?

Ryan: She is in the house.

Mom: Yes, she went into her house. Let's follow her walk
again!

Ryan: OK! (책을 한 번 더 읽어 주세요.)

*Rosie's Walk*는 유독 영어에 두려움을 느끼는 아이들에게 읽
어 주면 좋아요. 특히 영어 그림책을 늦게 읽기 시작한 아이들
은 한국어 실력에 비해 재미 없는 그림책을 읽을 때가 많은데
요, 끝없는 상상력을 자극하는 팻 허친스의 그림은 부족한 영
어 실력의 아쉬움을 충분히 채우고도 남는답니다.

주렁주렁 장난감 가랜드 만들기

 준비물: 달력, 색종이, 색연필, 풀, 가위, 긴 끈

장난감 가랜드를 만들며 장난감의 이름을 익혀 볼 시간이에
요. 장난감 종류는 매우 다양하기 때문에 동물 이름, 교통수단
이름 등을 쉽게 배울 수 있지요.

Mom: Come here please. I have a question to ask you. What
do you want this Christmas?

Ryan: I want a robot!

Mom: Oh! I see. You want a robot. Ryan, how about we
make a toy garland?

Ryan: What is it?

Mom: It is a kind of decoration. We can hang the garland on the wall.

Ryan: OK.

 A4 종이 2장을 4등분으로 잘라 주세요. 8장의 종이 위에 미리 준비한 장난감 사진을 오려 붙일 거예요. 아이가 평소에 좋아하는 장난감 사진을 직접 찍어 준비한다면 더 좋답니다.

Mom: Now I will cut this paper into 8 pieces. (종이를 8등분으로 잘라 주세요.) What is this, Ryan?

Ryan: It is a car.

Mom: Yes, it is a toy car. (사진 속의 장난감 자동차를 오려서 종이 위에 붙여 주세요.) Ryan, can you write the word 'car' under the picture?

Ryan: Yes. (아이가 사진 아래 장난감 이름을 쓸 수 있도록 도와 주세요.)

Mom: Well done. Next, what is this?

Ryan: It is a robot.

Mom: Good. It's a robot. (로봇 사진을 오려 두 번째 종이 위에 붙여 주세요.) Please write the word, Ryan.

Ryan: OK. (아이가 장난감 이름을 쓸 수 있도록 도와 주세요.)

Mom: Oh! The next toys are teddy bears. They are so cute. Let's cut out the picture. (이번에는 역할을 바꿔 아이가 사진을 자르고 엄마가 단어를 써도 좋아요.) Can you do it?

Ryan: Yes, I can do it!

Mom: Excellent! Let's look at the next toy. It is a yo-yo. Yes, you like yo-yos, don't you? (사진을 자르고 종이 위에 붙여 주세요.) Write the word 'yo-yo' please. (이제 4장의 가랜드를 완성했어요. 다른 4장도 똑같은 방법으로 만들어 주면 된답니다. 이번엔 트램폴린 사진을 보여 주세요.) What is this?

Ryan: I don't know.

*"I don't know"*라는 대답에는 두 종류가 있어요. 진짜로 모를 때가 첫 번째, 실제론 알지만 대답하기 싫고 지겨울 때가 두 번째죠. 전자의 경우 아이의 반응에 따라 수업 난이도를 조절해 주세요. 후자의 경우라면 엄마가 더 재밌다는 듯이 신나게 열정적으로 반응해 주시면 된답니다.

Mom: It is a trampoline. Let's cut out the picture and glue it.

Ryan: And I will write the word.

Mom: (아이가 단어를 쓸 수 있도록 도와 주세요.) Well done. And this is a top. (팽이를 오려서 종이에 붙여 주세요.) The next toy is a hand puppet. This is a lion. And the last toy is a pogo stick. (손가락 인형과 사자 인형, 스카이 콩콩도 같은 방법으로 만들어 주세요. 조금 오래 걸리더라도 아이가 직접 단어를 쓸 수 있도록 기다려 주세요.)

8장의 카드를 모두 만든 후에 가장 윗부분에 두 개의 구멍을 뚫어 주세요. 적당한 길이로 자른 끈을 왼쪽 구멍 앞에서 뒤로, 다시 오른쪽 구멍의 뒤에서 앞으로 연결해 주면 된답니다.

Mom: Let's start with the 'toy car'. We can string all the toys onto one long string.

Ryan: Wow! It is fantastic!

Mom: Yes, it is. Ryan, let's hang your garland on the wall! Wow! It is very cool!

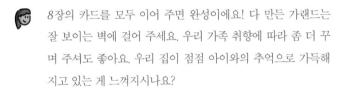

8장의 카드를 모두 이어 주면 완성이에요! 다 만든 가랜드는 잘 보이는 벽에 걸어 주세요. 우리 가족 취향에 따라 좀 더 꾸며 주셔도 좋아요. 우리 집이 점점 아이와의 추억으로 가득해지고 있는 게 느껴지시나요?

장난감이 제일 좋아 2

You Will Get the Robot!

📖 함께 읽을 책: Santa Claus the World's
Number One Toy Expert

말라 프레이지의 *Santa Claus the World's Number One Toy Expert*는 어린이를 사랑하는 작가의 마음이 잔뜩 묻어나는 책이에요. 크리스마스 느낌이 물씬 풍기는 표지 덕분에 책을 열 때마다 마치 선물 꾸러미를 푸는 느낌이 든답니다.

Mom: Look at this garland. We made it last time. Which do you like best among these toys?

Ryan: I like the robot.

Mom: So you are looking forward to Christmas, aren't you?

Ryan: Yes!

Mom: Santa Claus is very very busy. It's because children all over the world are looking forward to Christmas. Ryan, look at this book. There is Santa Claus on the cover. He is jumping on a pogo stick, haha.

 스카이 콩콩을 타고 있는 산타할아버지라니 *'Toy Expert'*라는 칭호가 무색하지 않아요. 어린 시절로 돌아가 우리 아이와 눈높이 대화를 할 수 있게 해 주는 것도 그림책의 장점이지요.

Mom: Let's turn the page. Santa is playing with children. Yes, he knows children well. (페이지를 넘겨 주세요.) Oh! Santa is meeting a lot of children. The children are probably telling him what they want.

Ryan: I want to meet Santa, too.

Mom: Yes, That's a good idea. Shall we turn the page?

Ryan: Yes.

Mom: Aha! Santa always thinks about children. He has started to prepare toys for children. (페이지를 넘겨 주세요.) Wow! Look at these boxes! I think it is information about children. Oh, my, Santa looks very tired. (한 페이지 더 넘겨 주세요.) Wow! Look at these toys, Ryan!

 산타가 준비한 선물이 아주 많아요. 비슷한 장난감이 있다면 아이와 단어 퀴즈를 해보는 것도 좋아요. 아이가 장난감 이름을 맞힐 때마다 엄마가 들고 있는 장난감을 아이에게 하나씩 건네는 거죠. 아이가 모든 장난감을 차지하면 성공~

Mom: There are toy cars, blocks, teddy bears, tops, fire engines, bicycles, wooden houses, tricycles, a lot of balls, drums, dolls, piggy banks and boats! Santa is the world's number one toy expert. Shall we turn the page?

Ryan: Yes.

Mom: OK. Aha! Santa finds the best toys in the whole word. (페이지를 넘겨 주세요.) Oh! He has many toys. And he inspects them and makes the final selections. Ryan, Santa is very very busy, isn't he?

Ryan: Yes, he is.

Mom: (페이지를 넘겨 주세요.) Wow! We can see a lot of boxes. They are for children all over the world. Does he love his job?

Ryan: Yes!

Mom: You're right. He loves his job. Let's turn the page. Santa has a lot of wrapping paper. I like that paper with star patterns on it. Which do you like?

Ryan: I like this one.

Mom: Oh! It's cute. Santa is the world's number one gift expert.

다가올 크리스마스에 아이가 가장 받고 싶어한 선물과 포장지를 잘 기억해 두었다가 선물해 준다면 센스 있는 엄마가 될 수 있을 거예요.

Mom: (페이지를 넘겨 주세요) Santa thinks and thinks very hard. Let's turn the page. Wow! Finally he gets it all figured out. He has many many many gift boxes! Shall we turn the page?

Ryan: Yes.

Mom: On Christmas morning, children get the gifts they wanted. Ryan, you will get the robot you want.

Ryan: Wow!

Mom: (페이지를 넘겨 주세요) No one is perfect. Not even Santa Claus. Look at this poor boy. (다음 페이지로 넘겨 주세요) Aha! Santa Claus unwraps the special gift he picked out for himself. What is it?

Ryan: It's a pogo stick!

Mom: Really? Let's take a look. (엄마가 먼저 페이지를 넘겨 보아요) Uh-oh! I'm sorry, Ryan. It's a bicycle!

그림책 속 산타할아버지는 아이들이 가장 좋아할 만한 선물을 주기 위해 쉴 새 없이 고민해요. 온세계 아이들의 정보를 수집하고 장난감이 튼튼한지 검사하고, 정말 재밌는지 직접 놀아보기도 하죠. 동화 속 산타할아버지의 마음이 꼭 우리 마미쌤들과 똑같지 않나요?

알파벳 놀이 1

둘이 만나 하나가 되는 알파벳

 준비물: 달력, 색종이, 색연필, 풀, 가위, 긴 끈

처음 영어를 배울 때 대문자와 소문자가 따로 있다는 걸 몰랐던 저는 똑같은 내용을 두 번이나 외워야 한다는 사실에 좌절했던 기억이 납니다. 다행히 우리 아이는 달걀 놀이를 하며 알파벳과 즐거운 첫만남을 가질 수 있었어요. 수업 시작 전에 *16개의 종이 달걀을 먼저 준비해 주세요.*

Mom: Ryan, come here and look at this. What is this?

Ryan: It's a box.

Mom: Yes, I have a box. And I have sixteen paper eggs. (달

갈 껍데기로 짝 맞추기 게임을 해볼 거예요. 달걀이 깨진 것처럼 지

그재그 모양으로 잘라 주세요. 달걀 하나당 두 개의 껍질이 생겼죠?)

Ryan, can you write letters on the eggs? (아이가 반쪽 껍

질에는 대문자 'A'를, 나머지 반쪽 껍질에는 소문자 'a'를 쓸 수 있도록

도와 주세요.)

Ryan: OK.

Mom: (다음에는 두 개의 껍질에 각각 대문자 'B'와 소문자 'b'를 써 주시

면 돼요.) Let's write all the letters like this. We wrote A

and B. What is next?

Ryan: C

Mom: Good. (대문자 'C'와 소문자 'c'를 써 주세요.) And next is D.

I will write a capital letter 'D' and a small letter 'd'.

Ryan, E is the next letter. Write the letter please.

Ryan: Yes. (아이가 혼자서도 잘 쓰는지 지켜봐 주세요.)

 같은 방식으로 *A*부터 *Z*까지 만들어 주세요. *32*조각으로 나뉜

*16*개의 달걀이 생겼나요?

Mom: Wow! We are done. (상자 안에 대문자가 쓰여 있는 달걀 껍데

기를 순서대로 놓습니다. 다 했다면 이번에는 아이에게 소문자가 쓰

인 달걀 껍데기를 순서대로 놓아 달라고 부탁해 주세요.) Ryan, can

you help me?

Ryan: Yes, a, b, c, d, e, f, g, h, i, j, k, l, m, n, o, p, q, r, s, t, u,

v, w, x, y and z! I am done!

Mom: Well done! Now Ryan, pick up an egg shell from the

box. Don't look at the letters. Close your eyes.

Ryan: Yes. (아이가 눈을 감고 달걀 껍질을 뽑도록 도와 주세요.) F!

Mom: Aha! You picked up a capital 'F'. And you need to find the egg shell with a small letter 'f' on it.

Ryan: I found it.

Mom: Good! Match the two pieces of egg shells. Wow! (대문 자 F가 쓰인 껍질과 소문자 f가 쓰인 껍질을 합쳐 하나의 완전한 달걀이 되는 모습을 보여 주세요.) What is this letter?

Ryan: F.

Mom: Yes! It is an egg with a capital letter 'F' and a small letter 'f' on it.

이번에는 엄마가 달걀을 뽑을 차례예요. 대문자 알파벳에 해당하는 소문자 알파벳을 찾은 후 하나의 달걀로 만들어 주세요. 이렇게 모든 알파벳의 짝을 맞춰 보았다면, 소문자를 보고 대문자를 찾아 보는 식으로 게임 규칙을 변경해도 좋답니다.

알파벳 놀이 2

Jack-in-the-Box!

 📖 함께 읽을 책: Alphabatics

 수스 맥도날드가 쓴 *Alphabatics*는 알파벳을 익힐 수 있는 최고의 책이에요. A에서 Z까지 16개의 알파벳은 커지거나 기울거나 늘어나 그 글자로 시작하는 사물이 됩니다. 칼데콧 아너상을 받았을 만큼 뛰어난 상상력과 귀여운 일러스트가 돋보이는 작품이지요.

Mom: Ryan, let's take a look at this book. Can you read the title? It's called 'Alphabatics'.

제목이 어딘가 이상해 보입니다. 맞아요, 중간에 삐에로가 알파벳 'e' 대신 'a'를 들고 있어요. 'Alphabatics'는 'alphabet'과 'acrobatics'가 합쳐진 단어랍니다. 아크로바틱하는 알파벳이라니! 내용과 딱 어울리는 제목이죠?

Mom: Let's turn the page. 'A' is doing acrobatics. And it is turning into an ark. The word 'Ark' begins with the letter 'A'. Noah saved a lot of animals with the ark. Shall we turn the page?

Ryan: Yes.

Mom: What's next?

Ryan: It's 'b'.

Mom: Yes, it is 'b'. 'b' is turning into a balloon. The word 'balloon' begins with the letter 'b'. (엄마는 페이지를 넘겨 주세요.) The next letter is 'c'. It is doing acrobatics and turning into a clown. The word 'clown' begins with the letter 'c'.

Mom: (다음 페이지로 넘겨 주세요.) Next is 'd'. And it turns into a dragon. It begins with the letter 'd'. Let's turn the page. It is 'E'. Aha! It turns into an elephant at the circus. What is next?

Ryan: F!

Mom: Yes, it is 'F'. It is turning into a fish. The word 'Fish' begins with the letter 'F'. The fish is jumping. (페이지를 넘겨 주세요.) Oh! There is 'G'. 'G' is doing acrobatics and turning into a giraffe. The giraffe is eating leaves.

대문자 *A*는 뒤집어지더니 점점 커져 노아의 방주가 되고, 소문자 *b*는 풍선처럼 부풀어 올라 진짜 풍선이 됩니다. 이렇게 다양한 모습으로 변신할 수 있다니. 알파벳의 능력 보면 볼수록 신기하죠?

Mom: Let's turn the page! The letter is 'h'. It is a house. The word 'house' begins with the letter 'h'. (페이지를 넘겨 주세요.) The next letter is 'i'. Oh, look! The letter 'i' is flying up to the sky. And it is turning into an insect. What is next?

Ryan: J!

Mom: (페이지를 넘겨 주세요.) Yes, we saw a letter 'j' on the cover. It turns into a jack-in-the-box. (다음 페이지로 넘겨 주세요.) Now we can see 'K'. 'K' is also flying. It is turning into a kite. The next letter 'L' is doing acrobatics and is turning into a lion. It is a yellow lion. The word 'Lion' begins with the letter 'L'. (페이지를 넘겨 주세요.) Now it is 'm'. It is turning into a mustache.

*mustache*처럼 다소 어려운 단어는 이렇게 그림으로 익히는 편이 훨씬 직관적이랍니다. 이제 아이들은 알파벳 *m*을 볼 때마다 간질간질 콧수염을 떠올리며 신나할 거예요.

Mom: What is next? Aha! It's 'n'. Haha, it is doing acrobatics. It becomes a nest. Oh! There are three baby birds in the nest. They are so cute! Next is 'o'. Look at the second square. What is in the square?

Ryan: Eggs!

Mom: Yes, they look like eggs. What will they turn into? Aha! They turned into an owl. (페이지를 넘겨 주세요.) The letter is 'P'. Ryan, 'P' is also flying up to the sky. And it is turning into a plane. (한 페이지 더 넘겨 주세요.) The letter is 'Q'. Wow! 'Q' is turning into wings. And it becomes a quail. A quail is a kind of bird. Let's turn the page. It is 'r'. And it is turning into a rooster. A rooster is a male chicken.

Ryan: A man chicken?

Mom: Haha, yes that's right. (페이지를 넘겨 주세요.) The letter is 'S'. Oh! It is turning into a swan. It has four baby swans. The next letter is 'T'. 'T' is turning into a tree. It is a very pretty tree. What are these yellow things?

Ryan: I don't know.

Mom: I think they are pears.

 반복 학습에 아이가 흥미를 잃지 않도록 "이게 뭐야?" "엄마는 뭔지 모르겠는데 너는 알겠어?" 하는 식으로 참여와 대답을 유도해 주세요.

Mom: It is 'u'. And it is turning into rain not an umbrella. But the word 'umbrella' begins with the letter 'u'. OK. Let's turn the page. It is 'V'. 'V's are turning into vegetables. They are yellow radishes and red turnips. (아이가 모르는 단어는 한글로 말해 주세요.) Next is 'W'. 'W' is doing acrobatics. What will it turn into?

Ryan: A whale!

Mom: Yes! It turns into a whale. It is a big whale. (페이지를 넘겨 주세요.) It is 'X'. It is turning into xylophone sticks. That's a good idea. (페이지를 넘겨 주세요.) It is 'Y'. And it is turning into a yak. 'Y' turned into a head with two horns. (한 페이지 더 넘겨 주세요.) What is the last letter?

Ryan: It is 'Z'!

Mom: Yes, it is 'Z'. 'Z' is turning into the stripes of the zebra. It is wonderful! The word 'Zebra' begins with the letter 'Z'. Ryan, can you read the letters from 'A' to 'Z'?

Ryan: Yes!

Mom: Then, could you read this book for me, Ryan?

Ryan: I will!

 책을 다시 읽을 때는 그림을 먼저 보고 어떤 알파벳이 숨어 있는지 알아 맞춰도 되고, 아이에게 직접 알파벳이 숨어 있는 그림을 그려 보라고 해도 좋아요.

영어로 언어유희 1

단어와 단어가 만나면?

📋 **준비물: 달력, 색종이, 색연필, 풀, 가위, 긴 끈**

언어의 재미를 느끼게 해주는 라임 콜라주는 단어와 그림을 조합해 여러 재밌는 단어를 만들어 보는 놀이예요. 커다란 종이와 단어 카드, 색연필과 색종이, 잡지를 자유롭게 준비해 주세요. 이제 같이 놀아볼까요?

Mom: Ryan, today, we're gonna make some fun cards. It's called a 'Rhyme Collage'.

Ryan: Collage?

Mom: Yes, you can make it with papers or whatever you

want. First, I will show you a word. What is this? (엄마
는 단어를 읽어 주세요.) It is 'berry'. I like strawberries. Do
you like strawberries?

Ryan: Yes!

Mom: I have some cards that say the word 'berry'. ('berry'라고
쓰여진 카드를 큰 종이 위 아무 데나 붙여 주세요.)

 이제 단어 옆에 여러 가지 그림을 붙여 줄 거예요. 아이와 함께
직접 그려도 되고, 잡지에서 사진을 오려도 되고, 원하는 모양
을 찢어서 만들어도 된답니다. 우리 아이 창의력을 마음껏 펼
쳐 주세요.

Mom: Ryan, can you find something blue in the magazine?

Ryan: Yes! I found a blue bottle.

Mom: Good! Let me cut out the bottle. (파란색 병을 오려서 단어
카드 옆에 붙여 주세요.) OK. Now we're gonna make a new
word.

Ryan: New word?

Mom: Yes, we can combine the picture with the word. Now
it's 'blueberry'.

Ryan: Haha, I see. Blueberry.

Mom: Now mommy will tear up the paper and make a hat.
(이번에는 모자 모양으로 오린 종이를 단어 카드 옆에 붙여 주세요.)
Haha! It is 'hatberry.'

Ryan: Hatberry!

Mom: And if we draw a train next to another card? (아이와 함께 기차를 그려 주세요.)

Ryan: Trainberry!

Mom: Yes! We need to draw a track under the train. (기차 아래 선로를 그려 주세요.) Wow! It is 'trackberry'.

Ryan: Trackberry.

Mom: Ryan, do you think we can find stars and clouds in the magazine?

Ryan: Yes!

Mom: (잡지에 찾으려는 그림이 없으면 직접 만들어도 좋답니다.) I found the star shape. (잡지에서 찾은 별 그림을 오려서 단어 카드 옆에 붙여 주세요.) Ryan, what is this?

Ryan: It is 'starberry'.

Mom: Excellent! Ryan, shall we draw clouds? (아이가 구름을 그리도록 도와 주세요.)

Ryan: Yes!

Mom: Haha! It is 'cloudberry'. Wow! We can say all words with 'berry'! Momberry, Ryanberry.

Ryan: Fatherberry!

Mom: Excellent! Chairberry, sofaberry, tableberry, bedberry. meatberry!

 아이가 놀이에 익숙해지면 형용사를 추가해 더 길고 복잡한 단어를 만들어 보세요. 새로운 단어의 조합은 아이의 언어 발달에 큰 도움을 준답니다.

Welcome to Berryland

📖 함께 읽을 책: Jamberry

브루스 디건이 쓴 *Jamberry*는 운율에서 느껴지는 영어의 재미를 한껏 담아낸 작품이에요. 주인공 소년과 곰은 빵이 주렁주렁 열린 나무, 강물 위를 떠다니는 크래커 보트를 지나 온 세상이 베리에 파묻힌 베리랜드에 도착합니다. 상상만으로도 상큼한 베리나라로 함께 떠나 볼까요?

Mom: Ryan, this book is called 'Jamberry'. Could you look at this cover? We can see a bear and a boy. What do they have?

Ryan: Hats!

Mom: Yes, they have hats. There is something in the hats. They are berries. The bear and the boy are excited. (다음 페이지로 넘겨 주세요.) The bear is picking some berries. They are blueberries. Oh! A boy wants to pick some berries, too.

집에서 나와 숲속을 거닐던 소년은 강에서 카누를 타고 *blueberry*를 따고 있는 곰을 발견합니다. 곰을 따라 카누에 오른 소년은 *blueberry*로 가득한 강가에 도착합니다.

Mom: (페이지를 넘겨 주세요.) Look! There is a tree made of bread. And there is some butter in the river. We can also see some crackers. (다음 페이지로 넘겨 주세요.) Wow! It is a bridge. We can see a pig, two mice and another animal. What is this animal?

Ryan: I don't know.

Mom: It looks like a badger. But I am not sure. The bear and the boy are falling into the water. Hahaha! The bear looks happy. Shall we turn the page?

Ryan: Yes!

Mom: Oh! They are falling. The boat turns upside-down. (물에 빠지는 아슬아슬한 장면이라면 "위험해"라고 말하며 페이지를 넘겨 주세요.) Ryan, look! They are at the beach. The bear smells some strawberries. Oh! The boy's hat is wet.

So he looks sad. (오른쪽 페이지의 행복해진 소년을 가리켜 주세요.) Aha! The boy is happy again. They are feeding strawberries to each other.

🙂 모자와 카누에 가득 채운 베리들이 폭포에 쓸려 모두 떨어져 버리고 말았습니다. 그러나 슬픔도 잠시, 배에 탄 채 떠내려가던 소년과 곰은 *strawberry* 나라에 도착합니다.

Mom: Let's turn the page. Wow, there are a lot of strawberries. (페이지를 넘겨 주세요.) Look at them. Haha! They are tired. Shall we turn the page?

Ryan: Yes!

Mom: They are on the train. And the train is on the track. What are they doing? They are picking some berries. They are going somewhere. (다음 페이지로 넘겨 주세요.)

🙂 이 책은 *blueberry*, *strawberry*, *blackberry*, *raspberry* 네 부분으로 이어집니다. 어딜가나 *berry*로 가득한 이곳에서는 단어 *berry*와 라임을 맞춘 단어가 많이 등장하는데요, 번역서에서는 느낄 수 없는 재미인 만큼, 운율이 있는 단어들을 크게 강조해서 읽어 주세요!

Mom: Wow! They have a lot of berries on the train. They are blackberries. (다시 페이지를 넘겨 주세요.) A band is playing music to welcome them. Ryan, do you know where the place is?

Ryan: I don't know.

Mom: (Berryland라고 쓰인 부분을 가리킨다.) Do you see this sign? It says 'Berryland'. The place is 'Berryland'. (페이지를 넘겨 주세요.) Wow! It is a festival of berries!

*Berryland*에서는 코끼리들이 라즈베리 잼 위에서 스케이트를 타고 라즈베리 잼을 만들어요. *blueberry*와 *strawberry*로 불꽃놀이를 벌이기도 하지요. 아기자기하고 화려한 일러스트를 구경하는 재미도 쏠쏠한 책이랍니다.

Mom: Wow! Look at these berries. They are blueberries, strawberries, blackberries and raspberries. The bear and the boy are buried in the berries. Haha! Ryan, do you like strawberries?

Ryan: Yes!

Mom: Then, we can read the book again! Or listen to the CD.

이 책은 맨 뒷부분 작가의 말이 매우 특별해요. 작가는 양동이 가득 베리를 따라 다닌 어린 시절을 회상하며 이 책을 썼다고 해요. 주방과 화로와 오븐이 온통 블루베리 향으로 가득찬 집이라니 정말 근사한 추억이죠? 이 책을 읽고 자란 우리 아이들도 작가 못지 않게 멋진 엄마와의 추억을 갖게 될 거예요.

걱정 많은 마미쌤들에게

영어 그림책 읽기, 방법은 많고 원칙은 없습니다. 하지만 영어 그림책을 통해서 무엇을 얻고 싶을까, 우리 아이들에게 무엇을 보여 주고 싶은 것일까를 생각하면 답이 나올 겁니다. 맞아요, 우린 바로 '영어라는 언어'를 주고 싶은 거죠. 그리고 우리가 기대하지 않았던 다른 많은 것들은 덤일 거예요. 그러기 위해선 우리 아이들이 차근차근 밟고 올라갈 계단을 마련해 주는 것이 중요합니다.

영어 그림책 읽기에 원칙은 없지만 보통 세 단계를 필요로 합니다. 읽기 전단계, 도중단계, 독후활동 단계가 그것인데요, 각 단계마다 그림책 속으로 쑥 빨려들어가게 하는 역할이 있습니다. 아이들이 읽고 또 읽어도 지루하지 않게 호기심을 자극하는 것, 이것이 마미쌤들의 역할이겠죠. 저는 그림책을 읽기 전에 무조건 목소리도 크게, 눈도 크게, 입도 크게 하면서 오버리액션을 합니다. "우와~! 와!!! 세상에!!" 가끔씩 충격 받은 듯 쓰러지기도 하면서 아이의 흥미와 관심을 끌어내죠.

다음으로 중요한 것은 기본 어휘를 익히게 하는 것입니다.

여러 읽기 전 활동을 통해 어휘를 습득하게 하는 건데요, 영어 수업 대본에서 두 가지 버전의 스크립트를 통해 읽기 전 어휘 공부를 해보시라고 준비했습니다. 알뜰살뜰 활용해 보시길 권합니다.

이렇게 놀이 방법을 찾으면서 아이와 함께 이야기하고 추억을 만드는 것이 정말 중요한데요. '영어'보다 더 중요한 것은 영어 그림책과 평생 친구가 될 수 있는 '추억'을 만드는 것임을 기억하세요.

독서후 활동으로는 아이와 그림책을 직접 만들어 보는 활동이 좋습니다. 직접 그린 그림과 글로 채우는 나만의 특별한 책! 아이와 엄마 모두에게 소중한 추억이 됩니다.

저 역시 우리 아이 Ryan과의 영어 그림책 추억을 생각하면 지금도 혼자 웃음이 나곤 한답니다. 지금 이 책을 쓰고 있는 것도 바로 그 추억 덕분이기도 하고요.

우리 아이, 영어 공부 어떻게 시키지? 고민 많고 걱정 많은 마미쌤들! 비싼 영어유치원과 어학연수가 해줄 수 없는 생활 속 영어교육, 바로 엄마들이 해줄 수 있다는 믿음을 가지세요. '넛지'가 은근히 하게 하는 힘, 동기부여라는 것은 다 아시겠지만, 그것을 내가 할 수 있을까?에 대해서는 의심하셨을 마미쌤들에게 이 책이 '넛지'가 되길 소망합니다.